児童相談所の闇

——闇から抜け出るために何をはじめるのか——

内海 聡

はじめに

私が児童相談所の本を書いてからもう10年が経とうとしている。私は「その話」を最初に聞いたとき、信じることができなかった。薬害研究の専門家医、医原病治療の専門家としてこの世界の医学の問題、また社会の不条理に関しては数多く接してきた。そんな私でも「その話」を最初は信じることができなかったことは懐かしいことである。それほどにこの児童相談所問題は闇と非道に満ちている。この問題の恐ろしさに比べたら、世間で行なわれている詐欺などの犯罪行為のほうが目的や動機がはっきりしている分、むしろすがすがしく思えてくるほどである。

しかし、児童相談所の問題は私が本を書いた後くらいから、だいぶネットの中では認知されるようになったと思う。しかし初めて見る方にとっては、この本で訴えかけていることがいったい何の問題なのかわからないかもしれない。この本はそれほどまでに難しい問題を問いかけている。あの頃、私のさまざまな知人・友人に質問してみても、医療問題や社会問題についてはは、みなある程度認知していた。しかし、相当調べている人でもこの問題についての知識は皆無であった。

今、時代は進み新型コロナ茶番の時代が訪れた。医学や社会の不条理を理解していたはずの多くの人々が、新型コロナ茶番を見抜けなかったのは悲しいことだが、一方で新しい人々が新型コロナ茶番を機に、この社会のおかしさに気付くこととなった。実はそれと児童相談所の問題はリンクしている。同調意識、医療ネグレクト、強制的な医学行為、根拠のない判断、医学と児童相談所のセット販売など、極めてこの問題は近しい関係にあり、あの頃はまったく認知していなかった日本人でも、児童相談所については実感できるように時代が変化してきたのである。

とにかくこういう本は売れないかもしれない。こんなことを冒頭で述べる本もそうないはずである。しかし、それでもこの記録だけは残さねばならない。一人でも多くの親たち、日本人は理解する必要がある。そもそも「児童虐待」という話題にならば、多くの人たちは興味があるはずだからだ。それならば、もう一歩踏み込んで現実を知って、その闇はどのように深く、なぜ多くの方が悩んでいるように、児童虐待死は減らないのか。そして、児童相談所は役立たないのか。その謎を解くカギは、本書の中にあるといって過言ではない。

あの頃二歳だった娘は、いまや中学生となった。幸運にも私が医師免許を持っているからか、私の子は児童相談所に拉致されなかったが、私がこの問題を知らなかったらどうなっていたかわからない。虐待をしていなければ、心配ないではないか？　そんな問いを持った方こそ、本書を読んでほしい。虐待の有無などいっさい関係ない。私は虐待などしていない「つもり」だが、児童相談所にとってはそんなことはどうでもいいことなのである。その中身と理由については本文中で明らかにしていこうと思う。

児童福祉、児童虐待、精神福祉に門外漢だった私も、10年経ち事業を行ったこともあって、この領域の専門家として（もちろん外道的な専門家として）扱われるようになった。業界全体はいまだ変わらず子どもを食い物にしているだけであるが、この児童相談所問題に関しても、児童精神科医という希代の悪魔たちが跳梁跋扈し、発達障害診断が横行し、狂いに狂っていることは間違いない事実であり、それを駆逐するためにもこの児童相談所問題を広く啓蒙する必要性があることは、論を俟たないであろう。

最後にいつも私を支えてくれている妻と娘にこの場を借りて感謝申し上げたい。

２０２３年５月

内海　聡

目次

第2章　児童相談所の2つの問題

第5章　児童相談所は、生まれ変われるのか

第1章　虐待は増えていない

【戦後の児童虐待死の変遷】

第1章のタイトル「虐待は増えていない」をみて驚いている人もいるでしょう。メディアは、児童虐待が年々増えている、コロナ禍において子どもと親たちが自宅で一緒に過ごす時間が増えたことで、虐待がさらに増えていると、国民に対し大きな声で発信しています。だから、何を根拠に真逆なことを言うのかと思われるのも仕方のないことでしょう。

ここに、一つのデータがあります。

それは、「少年犯罪データベース」主宰の管賀江留郎氏の児童虐待についての基本的なデータです。

このデータは『非行臨床の現場からとらえた子どもの成長と自律』の著者の一人である前島知子氏が掲載論文のために、厚生労働省の人口動態統計にある死因のうちの年齢別他殺被害者数統計をまとめたものを参考に、管賀氏が独自に幼児の中でも殺され方の性質がまったく違う0歳児(嬰児)だけを別に集計したものです。

管賀氏は「嬰児殺し(赤ちゃん殺し)と幼児殺人被害者数統計」という調査結果をインターネット上にアップしています。そこには、終戦後から2009(平成21)年にかけての虐待による０歳児と、１歳から９歳までの子どもの死亡数が示されています。

また、厚生労働省は２００３（平成15）年から虐待による児童の死亡数を発表しています。２００７（平成19）年までのデータは調査期間が半年、１年、１年半とバラバラのため、２００８（平成21）年の４月１日から、年度ごとに発表している児童虐待による児童の死亡数をグラフにしてみました。ただし、これは児童福祉法における児童のため、18歳未満の子どもです。

これら２つのデータを比較しやすいように、縦軸の数をあわせました。見比べてみて、みなさんはどのようなことを思うでしょうか。

グラフ１　戦後から２００９（平成21）年までの９歳以下の幼児他殺被害者数
グラフ２　平成21年度から平成31（令和元）年度までの18歳未満の児童虐待による死亡数
　グラフの２００８年とは平成21年度（２００８年４月１日から２００９年３月31日）

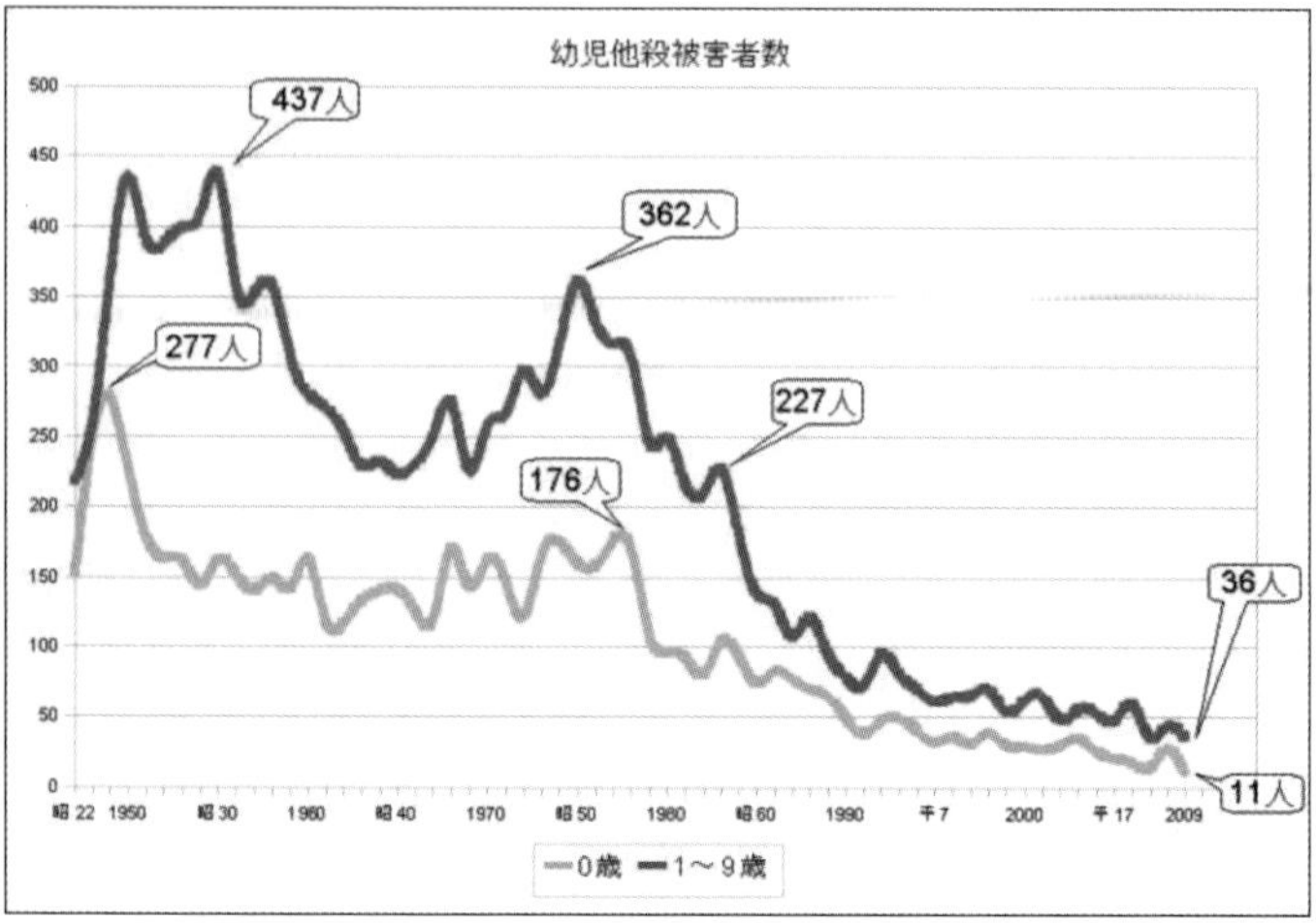

※「少年犯罪データベース」より引用

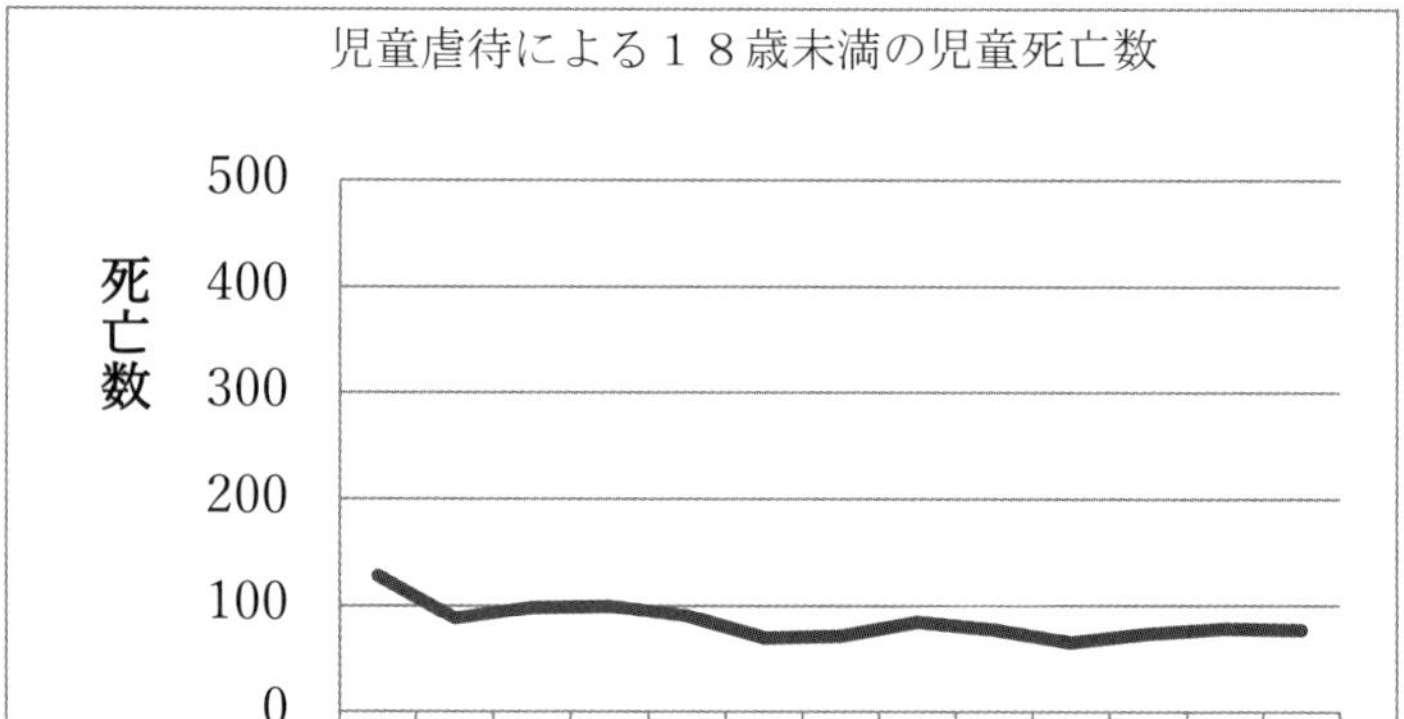

	H20	H21	H22	H23	H24	H25	H26	H27	H28	H29	H30	H31/R1	R2
死亡数	128	88	98	99	90	69	71	84	77	65	73	78	77

【バブル期を過ぎてから殺害される子どもの数は横ばい】

グラフから見てわかるように、現代と比較すると戦後から1980年代にかけて殺害される9歳以下の子どもが、いかに多かったかがわかります。児童虐待による子どもの殺害数ではないと思われるかもしれませんが、管賀氏の調査によると「9歳以下の幼児を殺すのはほとんどが親か祖父母です。これで戦後の親の子殺しが概観できます。グラフをご覧いただければお判りのように、殺される1~9歳は昭和30年の12分の1、バブル期と比べてさえ、6分の1ほどに減っています。」と述べられています。

バブル期（1986~1991年）を過ぎてから、他殺による子どもの死亡数は横ばいになっています。そして、厚生労働省が発表している2008年（平成20年度）以降も、児童虐待による死亡数は多少の上下はあるものの横ばいであり、増えてもいないし減ってもいません。また、管賀氏のデータからは、0歳の嬰児殺害がいかに多かったのかも解ります。

管賀氏は「少年データベース」で、さらに次のように述べています。

「1980（昭和55）年前までは、9歳以下だけでも毎年500人前後が殺されていますから、当時の新聞を読むと、実子を殴って殺したり、おねしょをしたからと熱湯をかけて殺したり、食事をあたえずに餓死させたりといった陰惨な事件が文字通り毎日、新聞に出ています。（中略）たとえば、昭和30年代の新聞記事や各県警資料で具体的内容をひとつひとつ見ていくと、こういう事件を起こす家庭のうち統計上は貧困家庭となっているものも、じつは働くのが嫌いな親ニートだったり、働いていても酒やパチンコなどに入れあげているために貧困になっている家庭がほとんどであることが判ります。病気で働けない家庭などは生活保護を受けて、ギャンブルなどに使わない限り最低限は食べられますし。（中略）」

１９８０（昭和55）年前までは、毎年５００人前後一日に一人ないし二人が殺され、毎日のように乳幼児の殺害事件が新聞に出ていた、という事実があったようですが、平成から令和にかけての新聞やニュースでは子どもの虐待死について、なくなったわけではありませんが、毎日のように乳幼児の殺害事件が新聞に出ることはありません。

では、今、政府やマスコミが声を出している、「児童虐待が増えている」というのは一体何のことなのでしょうか。

【「児童虐待」とは何か】

最初に言っておかねばならないことがあります。それは、「児童虐待」とは何かということです。

２０００（平成12）年に「児童虐待防止等に関する法律」（以下、児童虐待防止法）が施行されました。この法律の第二条に、「児童虐待」の定義が次のように記されています。その後の法改正で変わってきていますが、ここでは敢えて２０００（平成12）年当時の定義を記します。

この法律において『児童虐待』とは、保護者（親権を行う者、未成年後見人その他の者で、児童を現に監護するものをいう。）が、その監護する児童（十八歳に満たない者をいう。以下同じ。）に対し、次に掲げる行為をすることをいう。

一　児童の身体に外傷が生じ、又は生じるおそれのある暴行を加えること。

二　児童にわいせつな行為をすること又は児童をしてわいせつな行為をさせること。

三　児童の心身の正常な発達を妨げるような著しい減食又は長時間の放置その他の保護者としての監護を著しく怠ること。

四　児童に著しい心理的外傷を与える言動を行うこと。

すなわち、政府や地方公共団体、児童相談所や警察がいう「児童虐待」とは、保護者による行為をさします。保護者とは、親権をもつ親、あるいは親権をもつ祖父母、未成年後見人、さらに、児童を現に監護するものとして、児童相談所や児童養護施設、里親などによる子どもへの虐待も「児童虐待」とされています。

そのため、子どもと関わりのある学校の先生や、保育、学童保育、塾の先生、監護権をもたない親戚や、近隣の大人、他人である子どもや大人などによる、子どもへの虐待は定義上「児童虐待」とは呼びません。そして「児童虐待」と呼ばれる行為は、後述しますが、解釈により範囲がとても広く、とても曖昧であることを知っておかねばなりません。

【報道されているのは虐待の件数ではなく、通報件数である】

それでは、児童虐待の数の実態を検証していきましょう。

マスコミが児童虐待問題を扱うとき、資料として出すのは厚生労働省が毎年発表する「児童虐待相談対応件数の推移」です。グラフに記された年数からわかるとおり、乳幼児の殺害が多かったバブル期を過ぎてからの推移です。

１９９０(平成2)年に１１０１件だった相談対応件数は、それ以来一度も前年を下回ることなく右肩上がりで増え続け、２０２０（令和２）年には20万件を越しました。

これを見て、皆さんは何を考えるでしょうか？ 大半の方々は、この数字の推移を見て、なる

児童虐待相談対応件数の推移

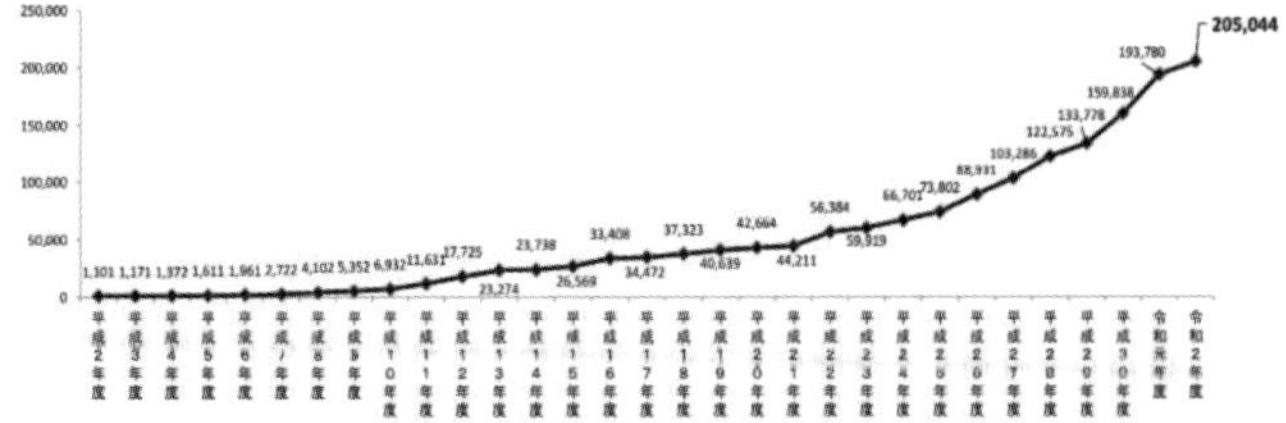

年度	平成21年度	平成22年度	平成23年度	平成24年度	平成25年度	平成26年度	平成27年度	平成28年度	平成29年度	平成30年度	令和元年度	令和2年度
件数	44,211	注 56,384	59,919	66,701	73,802	88,931	103,286	122,575	133,778	159,838	193,780	205,044
対前年度比	+3.6%	-	-	+11.3%	+10.6%	+20.5%	+16.1%	+18.7%	+9.1%	+19.5%	+21.2%	+5.8%

（注）平成22年度の件数は、東日本大震災の影響により、福島県を除いて集計した数値。

ほど日本では虐待が大幅に増えていると考えるはずです。

　しかし、それは本当であるか、事実に注目しながらしっかり考える必要があります。まず実際に増えているのは、あくまでも「児童虐待相談の対応件数」であり、「児童虐待認定件数」ではないということを押さえなければなりません。

　厚生労働省は、ＣＭやネットなどあらゆる方法を駆使して、「児童虐待通報」を積極的に行なうよう国民に周知徹底しているので、「虐待通報件数」自体は劇的に増加しています。そして、「虐待通報」を受けると調査・確認をする義務が発生するので、これはそのまま「児童虐待相談の対応件数」としてカウントされています。当然、一人が何度も相談することもあるのです。例えば、一人が3回相談すれば、カウント3になるのです。

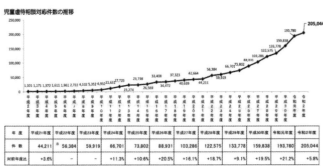

【通報件数・相談件数を増やすように国民は促されている】

「児童虐待相談の対応件数」の増加は、虐待件数が増えたからではありません。厚生労働省が相談件数を増やすように促し、あたかも児童虐待が増えたように見せかけて世論を誘導しているのです。なぜなら、児童相談所と児童養護施設など保護施設に子どもを数多く保護（拉致）すればするほど、誰かが得する法システムになっているからです。これについては後述します。

では、どのようにして「児童虐待相談の対応件数」を増やしていったのかをみていきましょう。

グラフを見ると、２０００（平成12）年前後から「児童虐待相談の対応件数」が増えていっています。それは、２０００（平成12）年５月に制定された「児童虐待の防止等に関する法律」に関係があることは明らかでしょう。

同法は同年11月に施行され、同法第六条において、**「児童虐待を受けた児童を発見した者は、速やかに、これを市町村、都道府県の設置する福祉事務所若しくは児童相談所又は児童委員を介して市町村、都道府県の設置する福祉事務所若しくは児童相談所に通告しなければならない。」**と国民全員に児童虐待を発見した場合、最寄りの児童相談所等への通告（通報）を義務づけました。そのため、法律制定の前年から児童虐待防止法に関する報道も当然増えたことで、１９９９（平成11）～２０００（平成12）年に通報、相談件数の増大がうかがえます。

２００４（平成16）年10月には、児童虐待防止法の改正により、児童虐待の通告義務が拡大され、「児童虐待を受けた児童」から「児童虐待を受けたと思われる児童」も対象となったことで、虐待の事実が必ずしも明らかでなくても、一般の人の目から見れば主観的に児童虐待があったと思うであろうという場合であれば、通告義務が生じることとなり、近隣知人からの相談が増加していきます。

さらに、第2条で、保護者以外の同居人による児童に対する身体的虐待、性的虐待及び心理的虐待を保護者が放置することも、保護者としての監護を著しく怠る行為（いわゆるネグレクト）として児童虐待に含まれ、児童の目前で配偶者に対する暴力が行われること等、直接児童に対して向けられた行為ではなくても、児童に著しい心理的外傷を与えるものであれば児童虐待に含まれることになり、配偶者間の暴力（面前ＤＶ）【ＤＶ（Domestic Violence ドメスティック・バイオレンス）配偶者や恋人などの親密な関係にある、または過去その関係にあった者から振るわれる暴力】が心理的虐待に含まれることが明確化されました。また同年から11月を「児童虐待防止推進月間」と位置づけ、児童虐待問題に対する社会的関心の喚起を図っています。

2009（平成21）年には児童相談所全国共通ダイヤルを10桁の番号で運用を開始することで、国民を喚起し相談、通報件数が急増していきます。

2013（平成25）年12月からは、警察がDV事案への積極的な介入および体制を確立したことに伴い、警察からの児童相談所への通告が増加していきます。

【児童相談所虐待対応ダイヤル「189」を設けた】

法改正に伴い、マスコミを利用しての厚生労働省による「児童虐待防止」のキャンペーンを続けることで、「児童虐待相談の対応件数」はどんどんと増加していきました。

さらに、2015（平成27）年7月1日から、虐待かも？と思った時に、すぐに児童相談所に通告・相談ができる全国共通の電話番号「189（イチハヤク）」を開始し、2016（平成28）年4月1日からは「189」のガイダンスを短縮し、2020（令和元）年12月からは通話料を無料にし、より誰でも通告しやすいようにしていき、厚生労働省の思惑どおり相談対応件数を増やしていったのです。「189」にかけると、発信した電話の市内局番等から（携帯電話等からの発信はコールセンターを通じて）当該地域を特定し、管轄の児童相談所に電話を転送します。

直近のキャンペーンポスターには、「あの子、もしかして虐待を受けているのかしら・・・」「子育てが辛くてつい子どもにあたってしまう」「近くに子育てに悩んでいる人がいる・・・」と思ったら、すぐにお電話くださいと掲げ、本当に虐待なのかどうかは関係なく、誰でも通報するよう促しており、その電話の対応件数がカウントされています。

その通報には妥当性や根拠など、ほとんど含まれておらず、実際の「児童虐待」の数ではありません。

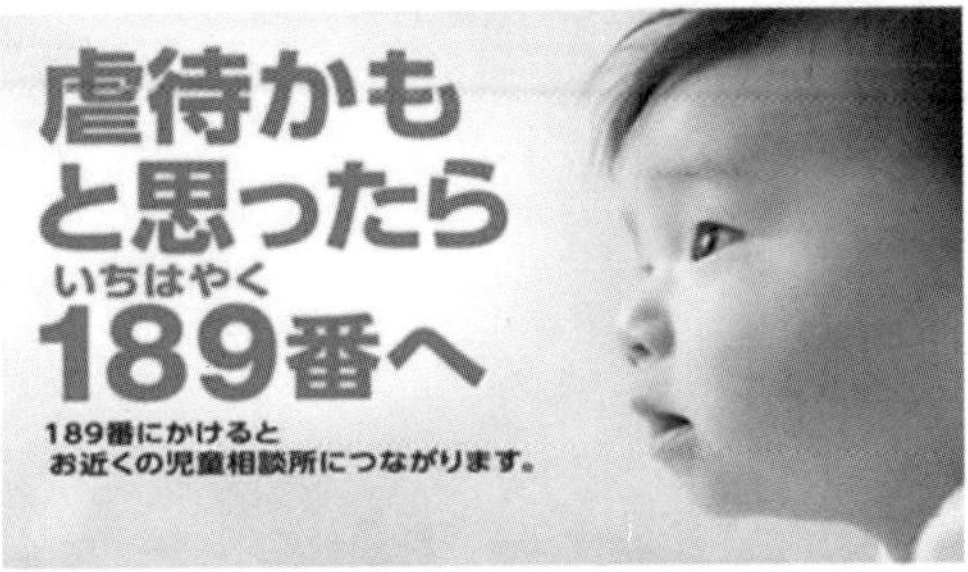

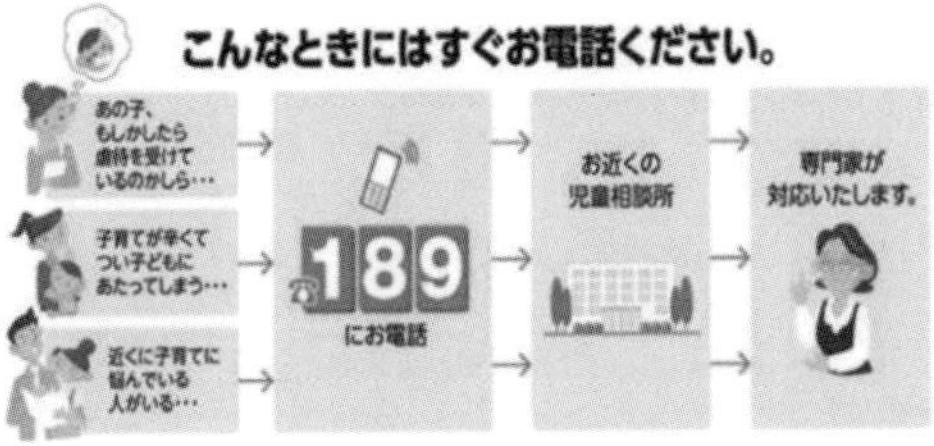

【明らかにされていない児童虐待認定数】

次に警察庁による「児童虐待に係る事件　検挙件数　検挙人数（罪名別）」を観て行きましょう。
実際に警察に検挙された数は「児童虐待認定件数」に近いものがあるでしょう。

厚生労働省が発表している令和2年度の「**児童虐待相談対応件数**」は**20万**を超えていますが、
警察庁が発表する令和2年度の「児童虐待に係る事件の**検挙人数（罪名別）**」は**2182人**です。
すなわち、**相談件数の100分の1**です。

このことから児童相談所に寄せられる「虐待かもと思われる」「子育てがつらい」という「児童虐待相談件数」は、虐待という事実とはいかに妥当性に欠けるものであることが解ります。
また、政府やマスコミが「児童虐待相談件数」イコール虐待数であると国民に誘導的に思わせるのは、何か意図を感じざるを得ません。本来なら、この相談件数の増加という事実は、虐待とは違った側面の問題が隠れている、そのことに注目すべきではないでしょうか。

なぜ厚生労働省は「児童虐待認定件数」を発表しないのでしょうか。

厚生労働省の「子ども虐待による死亡事例等の検証結果等について（第18次報告）」をまとめた（https://www.mhlw.go.jp/stf/seisakunitsuite/bunya/0000190801_00006.html）ＮＨＫの「児童虐待 昨年度の相談件数 20万7000件余で過去最多 厚労省（２０２２年９月９日14時33分）記事には、相談件数のほとんどが警察からの通報」とあります。
https://www.mhlw.go.jp/stf/seisakunitsuite/bunya/0000190801_00006.html

【記事の内容】
内容別にみますと、最も多かったのが、
▽子どもの前で家族に暴力を振るうなどの「心理的虐待」で、12万４７２２件と全体の６割を占めました。
次いで、
▽殴るなどの暴行を加える「身体的虐待」が４万９２３８件。
▽育児を放棄する「ネグレクト」が３万１４５２件。
▽「性的虐待」が２２４７件でした。
相談の経路は、
▽警察などが10万３１０４件で、全体の半数近くを占め、
▽近隣の知人が２万８０７５人
▽家族や親戚が１万７３４４人
などとなっています。

【警察に検挙されるような児童虐待は法改正の度に増えている】

あらためて「児童虐待に係る事件 検挙件数 検挙人数（罪名別）」のグラフをみると、児童虐待が増えていると思う人も多いでしょうが、この増加も法改正に関与しています。

2013（平成25）年前後から検挙数が増えていますが、それは「配偶者からの暴力の防止及び被害者の保護に関する法律の一部を改正する法律」が2013（平成25）年6月に成立し、2014（平成26）年1月に施行されたことに伴います。

警察は「民事不介入の原則」がはたらくため、配偶者による暴力という家庭内の問題について強制力をもたないものと考えられていましたが、この法律により警察がDV事案への積極的な介入および体制を確立しました。配偶者による暴力の通報によって警察の介入が増えたことから、同時に同居する子どもへの暴力も明らかとなり、警察に検挙される数が増えていきました。その暴力の中には、暴言もあり、配偶者への暴力を見たという心理的なものも含まれます。

【親権者による子どもへの体罰禁止により検挙数が増えている】

2020（令和2）年には、警察庁による「児童虐待に係る事件 検挙件数 検挙人数（罪名

4-6-1-1図　児童虐待に係る事件　検挙件数・検挙人員の推移（罪名別）

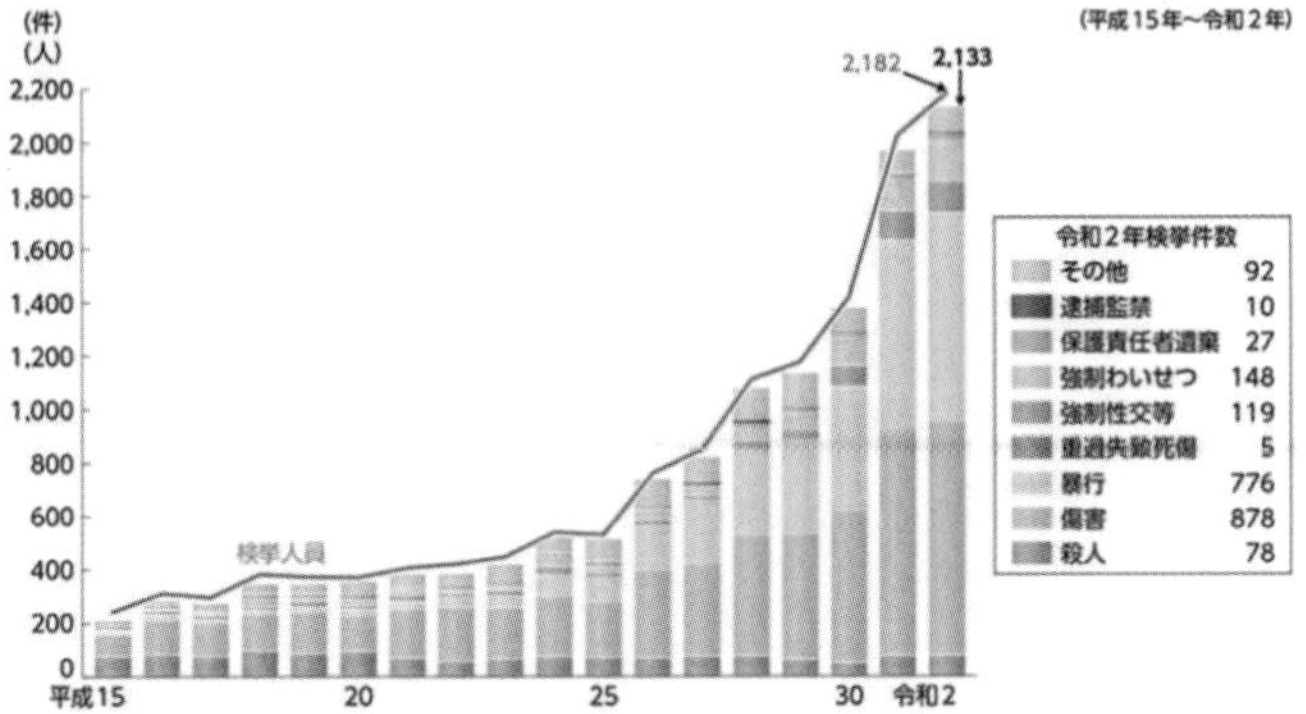

注　1　警察庁生活安全局の資料による。
2　本図は，資料を入手し得た平成15年以降の数値で作成した。
3　「殺人」，「保護責任者遺棄」及び「重過失致死傷」は，いずれも，無理心中及び出産直後の事案を含む。
4　「傷害」は，暴力行為等処罰法1条の2及び1条の3に規定する加重類型を，「暴行」は，同法1条及び1条の3に規定する加重類型を，それぞれ含まない。
5　「強制性交等」は，平成28年以前は平成29年法律第72号による刑法改正前の強姦をいい，29年以降は強制性交等及び同改正前の強姦をいう。
6　「その他」は，未成年者拐取，児童福祉法違反，児童買春・児童ポルノ禁止法違反等である。

別）」が更に増えています。

これには２つの理由があると、令和３年の犯罪白書に明記されています。

一つは、２０１９（令和元）年に児童虐待防止法の改正にて、同法14条１項にて「親権者による児童のしつけに際しての体罰が禁止」となり、２０２０（令和２）年に施行されたためです。法律で認められていたしつけという名の体罰が、法改正にともない「体罰」から「虐待」となったということです。盗みを犯した子どもの頬を叩く行為も虐待になってしまうわけです。だいぶ我々の子どもの時代とは様相が違ってきました。

もう一つは、児童福祉法の改正で、同法

33条2の2項と47条3項において、児童相談所所長、児童福祉施設の長、ファミリーホームの養育者、里親による体罰禁止が盛り込まれたからです。つまり、検挙数は親による虐待だけではないのです。

さらに、２０１７（平成29）年以降、強制わいせつ罪が増えているのは、同年6月に刑法の一部を改正する法律（平成29年法律第72号）が成立し、同法により、監護者わいせつ等が新設され、処罰対象が拡大した点に留意する必要があると明記されています。忘れてはいけません。監護者には、子どもたちを保護した児童相談所や児童養護施設の施設長や里親なども含まれています。

体罰に関わる罪名として、暴行罪（刑法第２０８条）と傷害罪（刑法２０４条）があります。暴行罪は、殴る、蹴るなどの暴力を加えた者が相手を負傷させるにいたらなかった場合に成立します。打撲にいたらない程度の殴打や平手打ち、髪の毛をつかんで引っぱる、突き飛ばす、などの行為でも処罰されます。

傷害罪は、暴行によって被害者を負傷させると成立します。傷害罪は「人の身体を傷害した者」を罰する犯罪であり、典型的には打撲傷や切り傷、擦り傷、骨折などを負わせたケース。また、常に威圧的・脅迫的な態度や言葉を浴びせ続けたことで心的外傷を負わせたケースも傷害罪に問われることもあります。

警察によるＤＶへの介入、親権者と監護者による体罰禁止が規定されたことで、２０１３（平成25）年以降、暴行罪・傷害罪が増えていったのでしょう。

では、あらためて児童虐待によって死亡した数をみていきましょう。本書14頁に記した厚生労働省が発表している「児童虐待によって子どもが死亡した件数」がありますが、死亡件数の増減は多少あるものの、おおむね横ばいになっていました。前記しました警察庁による「児童虐待に係る事件 検挙件数 検挙人数（罪名別）」のグラフを見ても、児童虐待に係る殺人の数は横ばいであることがわかります。

児童虐待による「死亡数」は、警察が捜査によって虐待事実を明らかにして検察庁へ送致した数字であって、時代や個人の主観による「虐待」の定義に左右されないため、間違いなく「虐待」の件数として計上できる数字であって、「児童虐待」の客観的件数と見ることができます。その客観的な数字が横ばいであるということは、実際には命に関わる家庭内での児童虐待は増えてなどいないと言えるのではないか、という疑問が生じてきます。法律改正により警察に検挙される虐待案件が、社会的に見えやすくなっただけだということです。

「児童虐待対応件数」が増えていて「児童虐待認定件数」も増えているという仮定に立つならば、「児童虐待によって子どもが死亡した件数」がほとんど変化なしという事実はどういう意味を持つのでしょうか。

本来、真っ先に防がなくてはならないはずの、死に至るような児童虐待に対して、児童相談所がまったく機能していないという内実を表しているのではないか？と疑問をいだきます。

ここ数年にわたって「子どもを救え」という号令の下、児童相談所の権限は非常に強化されてきました。それについては後のページで触れますが、強大な権力があるにもかかわらず、実際はまったく死を防げていない実態があります。このことを私たちは注意深く観察する必要があります。

【本当の虐待を見抜けない児童相談所】

今の日本は、教育そのものに問題が表面化しているものの、教育が比較的行き届いています。

周囲の視線を意識しやすい日本社会においては、倫理観や社会性が強く存在しています。体裁や協調性を重んじる国民性ももちろん影響しているはずです。そうした社会で児童虐待が増え続けているというのは考えにくいのです。戦後からの幼児他殺数減少もその影響はあると思います。

日本人はもしかすると必要以上に虐待を意識し、自分の子育てに不安を感じ、自分のしつけは虐待ではないかと思うように「洗脳」されているのかもしれません。そして、虐待は年を追うごとに増え続け、事態はいっそう深刻化していると思い込まされているのかもしれません。

そして、もう一つの問題は、本当の意味での酷い児童虐待＝死に至る虐待は増えていないにもかかわらず、児童虐待が増えたことにしたい勢力が存在するということです。彼らは何者で、何を目的にしているのでしょうか。

死に至る児童虐待問題は激増しているわけでも、深刻化しているわけでも、残虐度が増しているわけでもありません。むしろ減ってきました。しかし、児童虐待の防止等に関する法律は日々強化され、児童相談所の権限も強大化してきました。児童虐待事件が起こるたびに、テレビではあたかも児童虐待が激増しているかのように大袈裟なニュースで報道され、その後はお決まりの文句として必ず「児童相談所の権限が弱いため、児童虐待を防げない。児童相談所の権限をもっと強化しなければならない」とコメンテイターが付け加えます。しかし、これはまったく実態にそぐわない頓珍漢なコメントであることを国民は知りません。

日本には、児童相談所ほどの強権を持つ公的機関は他にありません。児童相談所は、警察よりも、検察よりも、裁判所よりも強大な権限を持っていて、その権限で家庭から子どもを連れ去ることができます。それは、専門家の役割だから当然だと思われる方も多いでしょう。しかし、児童相談所の職員は、殆んどが経験の浅いただの公務員です。

人権に関わるこれほど大きな権限を、専門家でもない、経験も浅いただの公務員である児童相談所長や児童福祉司の判断だけで自由に振り回しているのが実情です。だからこそ本当の虐待を見抜けないのです。そして、虐待をしていない親の子を保護するという問題も同時に起こるのです。

【児童相談所には虐待対応の専門家は、ほとんどいない】

虐待かもと思ったら、育児に困ったら、すぐに児童相談所に相談するようにと、厚生労働省

◆児童福祉司の任用資格の要件

1，都道府県知事の指定する児童福祉司等養成校を卒業
2，都道府県知事の指定する講習会の課程を修了
3，大学で心理学・教育学・社会学のいずれかを専修して卒業後、厚生労働省が指定する施設で1年以上相談援助業務に従事
4，医師、社会福祉士または精神保健福祉士の専門資格を保有
5，社会福祉主事として2年以上児童福祉事業に従事
6，児童指導員として指定施設で2年以上相談援助業務に従事
7，保健師や看護師、保育士などの関連資格を保有し、指定施設で一定以上（職種によって1〜2年）の実務経験を積む

※5〜7の場合は、その条件を満たした後、厚生労働大臣の指定する講習会を受講して、課程を修了しなければいけません。

や都道府県はマスコミを利用し、あらゆる手段を使って相談・通告を促してきました。しかし、実際の児童相談所は、２０００（平成12）年当初から、児童虐待に専門的に対応できる職員が、ほとんどいないという実情があります。専門家が対応するというのは、ウソなのです。

児童相談所の職員は基本的な法律の読み方も法運用の仕方も知らないし、児童福祉の専門家であるはずの彼らの正体とは単なる公務員でしかなく、「児童福祉の専門家」という謳い文句自体が取り繕われた虚像なのです。児童相談所は地方自治体に設立された福祉部門の一つであり、そこに配属される職員の人事は各地方自治体の人事異動により決められています。さらに児童福祉法に定められた所長等の一部職員を除いては特別な取り決めはなく、地方自治体に属する公務員であれば、だれでも任命されて児童相談所職員となれます。

それは、必要な資格等はない公務員であり、誰でも辞令をもらった瞬間から、「一時保護」と称された児童の拉致さえも合法的に行なえる強大な権限を付与される立場になります。つまり、つい最近まで役所の土木課に勤務していた人物も、役所の窓口業務に従事していた人物も、辞令一つで簡単な講習を受けると、「児童福祉の専門家」といわれる「児童福祉司」に早がわりしてしまうというわけです。

素人の集まりの児童相談所に膨大な相談が寄せられたとき、どんなことが起こるかを想像してみてください。新入部員にボール拾いを充分させる前に、いきなり千本ノックするようなものです。疲弊し判断能力も下がって当然です。

さらに、あなたがもし公務員で、人事異動で児童相談所に配属され、講習会に参加しただけで、「児童福祉司」に任命されたら、虐待をしている親が暴力的な親であっても果敢に対峙したり、嘘がうまい親の嘘を見抜いて、子どもを守ることができますか？

私は一万数千例にわたって様々な重症の患者、および患者家族と相対し減薬断薬治療をしてきましたが、そこには子どもへのクスリ漬け、家庭不和、いわゆる毒親問題など様々なものが隠れています。このような背景を含め、当院では世界に類を見ない精神構造分析法を治療に取り入れ、プロのカウンセラー、治療家、コンサルタント、医療関係者などに指導しておりますが、その参加者に児童相談所の闇を見て嫌気がさし辞めた人はいても、児童福祉司も児童養護施設のスタッフももちろん一人もいません。関係者からの噂話レベルでも彼らは「ド素人」なのです。

さすがにこれではやばいと気づいたのか、２０１６（平成28）年6月に交付された「児童福祉法の一部を改正する法律」で、児童相談所に専門職を置くことが決められましたが、現在も職員の経験年数平均3年というのが実情です。

【児童相談所は公務員が最も働きたくない場所】

私が『児童相談所の怖い話』を出版した3年後の２０１６（平成28）年に、東京都の児童相談所の職員であった山脇由貴子氏の著書『告発　児童相談所が子供を殺す』（文春新書）には、本当に虐待を受けている子どもたちが救われていないという児童相談所の実態が書かれ、その背景について次のように記しています。

一番の問題は人手不足ではない。児童相談所という職場で「働きたい」人がいないのだ。いつの間にか、児童相談所は「最も働きたくない場所」になってしまった。その理由の一つは、福祉や心理を勉強して来た人間であっても、「虐待」には関わりたくないのだ。他人事としてニュースで見る分には構わない。同情していれば済むからだ。しかし自分が当事者にはなりたくない。関わらないで済むなら、関わりたくない。自分とは関係のないことだ、としていたい。そして、誰もが、虐待を防ぐ、なくす、なんてどうしたら良いか知らないのだ。一般の事務職ならなおさらだ。そして、虐待に関するニュースが流れる時、マスコミに責められる児童相談所の姿も見ている。さらには、児童相談所で働く大変さは、役所の中では評判になっている。激務である、仕事は増えていくばかり、そして親には攻撃されるばかり。児童相談所で働いていて、「もう児童相談所で働きたくない」と思っている人はたくさんいる。

世間の人は、児童相談所で働く人は、最低限、福祉の勉強をした人、子どもの現場で働いた人、相談機関での経験のある人、と思っていることだろうが、実際には、福祉に関する知識は全くなく、子どもに関わる現場や相談機関での経験のない、東京都の公務員試験に事務職として入った新卒が、児童相談所に配属されている。東京都の、福祉には全く関係のない他の局で二年間事務していた職員も配属されて来る。現在の児童相談所で、福祉や心理の専門的な勉強をして来た人間の割合は本当に少ない。専門家の不足、というレベルの話ではない。完全な素人が、児童福祉司として働いているのだ。もはや、児童相談所について全く知らない人しか、児童相談所で働いてくれないからだ。（同著Ｐ52～54より）

真摯に関わっている職員もいるでしょうが、これが実態なのでしょう。

【虐待が増えているというのはある意味において「ウソ」】

私たちがこれまで固く信じてきている「虐待は増えている」「虐待死は増えている」「児童相談所にもっと権限を与えて虐待を取り締まらねばならない」というのは、いったい何なのでしょうか？

児童相談所というシステムは何なのでしょうか？　本当に機能しているのでしょうか？　本当に子どものためになっているのでしょうか？　そこには調べれば調べるほど深い闇が待っています。

厚生労働省による「被措置児童等虐待届出等制度の実施状況」をみてみましょう。これは、子どもが保護されている施設内で起きている虐待の状況です。

表は、厚生労働省による「被措置児童等虐待届出等制度の実施状況」を元に作成したものです。

これは、虐待を受けていると通告のあったもののみ調査したもので、届出・通告先のほとんどは、児童相談所と都道府県市の担当部署になっています。そのためか、児童相談所の一時保護所での虐待件数は少ないという調査結果となっています。一時保護期間が2か月と短いことも理由としてあるでしょう。

子どもが保護されている施設内での虐待件数は、表を見るとわかるように年々増えています。そして、児童相談所で虐待のため一時保護された子どもたちが、一時保護所から次に移動させられる児童養護施設と里親・ファミリーホームでの虐待認定件数が割合的に最も多い状態です。助けるべき存在である児童養護施設や里親たちの虐待は、氷山の一角だけでこの数字です。このことを考えれば、「このシステムに存在価値があるのか?」「このシステムはまともに機能しているのか?」という疑念を抱くのが普通ではないでしょうか。

もう一度、一歩引いた視点に立って考えてみてください。皆さんの周りにいわゆる本当の虐待、死に直結するような虐待をどれだけ見かけたことがありますか? という問いです。

本章の一つの結論として申しあげたいのは、**現代の日本において虐待が増えているというのはある意味において「ウソ」**だということです。

資料：厚生労働省「被措置児童等虐待届出等制度の実施状況
https://www.mhlw.go.jp/stf/seisakunitsuite/bunya/kodomo/kodomo_kosodate/syakaiteki_yougo/04.html

虐待の種別・類型

	身体的虐待	ネグレクト	心理的虐待	性的虐待	合計
H21年度	41	4	7	7	59
H22年度	23	3	4	9	39
H23年度	37	2	6	1	46
H24年度	45	3	10	13	71
H25年度	55	2	17	13	87
H26年度	34	5	8	15	62
H27年度	49	2	18	14	83
H28年度	52	4	16	15	87
H29年度	56	3	16	23	99
H30年度	55	2	15	23	95
H31/R1年度	59	3	19	13	94
R2年度	62	7	36	16	121

虐待の事実が確認された事例の施設等の種別

	社会的養護関連施設				里親・ファミリーホーム	障害児施設等（障害児通所支援事業含む）	児童相談所一時保護所	一時保護所委託先	障害児通所支援事業	合計
	乳児院	児童養護施設	児童心理治療施設	児童自立支援施設						
H21年度	2	29	2	9	9	4	4			59
H22年度	0	27	0	1	8	1	2			39
H23年度	1	28	0	4	6	4	3			46
H24年度	1	51	0	4	7	6		1	1	71
H25年度	0	49	2	11	13	11		1		87
H26年度	0	38	0	4	8	10		2		62
H27年度	5	40	1	8	11	15	3			83
H28年度	0	53	2	5	13	6	8			87
H29年度	1	64	0	8	12	10	4			99
H30年度	3	50	3	5	13	17	4			95
H31/R1年度	2	50	2	4	11	14	11			94
R2年度	5	67	8	6	20	11	4			121

出典
被措置児童等虐待届出等制度の実施状況（社会的養護の施設職員等による在籍児童への虐待）
資料：厚生労働省「被措置児童等虐待届出等制度の実施状況
https://www.mhlw.go.jp/stf/seisakunitsuite/bunya/kodomo/kodomo_kosodate/syakaiteki_yougo/04.html

第2章　児童相談所の2つの問題

膨大な児童相談件数でその対応に追われる児童相談所。その児童相談所でおきている問題は、細かく言い出せばキリがありませんが、調べていくと大きく2つに分けられます。

一つは本当に虐待されている子どもたちを救うことができていないという事実、もう一つは、虐待されていない子どもが、悪魔の通報や児童相談所にとって都合の良い判断により、十分な調査もなく一時保護（私はこれを拉致と呼んでいます）され、子どもが親と引き離され、親は虐待親という冤罪にかけられていることです。

いずれにしても、結果として、子どもは傷つき人格破壊され、家庭崩壊を招いています。

【本当に虐待を受けている子たちを助けられない児童相談所】

この児童福祉や児童相談所問題の話をするときに、最初に考えておかねばならないことは、本当に虐待されていて死の危険に瀕している子どもをどうするのだ？　という問題です。

この本が訴えたいのは決してこのような子どもを殺す親を許せということではありません。むしろ、私は厳罰に処すべきと考えています。

ただ、そうではない親が非常に多数います。

・虐待したという冤罪をかけられているという実態がある。
・何よりたとえ虐待していたとしても、最低限の権利は確保されてしかるべきだという基本的人権の問題がないがしろにされている。
・虐待しているかいないかを判断し、法的手続きや対処を行なう過程が、あまりに杜撰である。

これらの事実は厳然として存在しています。そこに目を向けている専門家が非常に少数であるため、親子断絶という被害が後を絶ちません。

そして、大人たちのほとんどは、児童相談所についての基本的な誤解をしています。「これらは極端なケースだろう」――そう多くの人が思うはずでしょう。なぜなら、私も最初はそう思ったからです。しかし、事実はそうではありません。

相談を受けるケースをはじめ調べていくと、このようなケースは、日常にありふれていました。多くのケースにおいて、病院や医師たちと児童相談所が結託して、児童相談所に通報していること、そして、その後子どもは、クスリ漬けにされていることは、想像に難くありません。

大人の方々には、よく考えていただきたいのです。本当に子どもを虐待している親なら、虐待がバレかねない健診や病院にわざわざ行きますか？ 行ってしまうのは子どもを心配しているだけで、悪く言えば、病院がどんな場所であるかを知らないという無知がゆえにしかすぎません。

児童虐待という問題を真に解決するためには、起きている問題すべてをテーブルに乗せなければ解決する糸口は見えてきません。だから、この誤った一時保護という問題を私たちは知らなければならないのです。

【誤った一時保護によるケース】

具体的に、児童相談所の被害に遭った親や子どもから話を聞くと、以下のような原因で、虐待という冤罪を受けて誤って一時保護され、親子が引き離されています。

① 事故によるケガを虐待として医師に通報される
② 子どもが親に虐待されたと嘘をつく
③ 病院や学校や児童相談所にとって不都合の隠蔽に利用される
④ 児童精神科医と児童相談所による虐待
⑤ 保護単価獲得のため、子どもを拉致する
⑥ 児童相談所所長の胸三寸

ここで紹介するケースは、ここ数年で虐待と判定されるようになったしつけという名の体罰や、ＤＶによる心理的虐待は含んでいません。また、ケースを出す前にひと言断っておかねばなりません。

ここで出すケースは今現在、もしくは以前、児童相談所と圧倒的に不利な状況の中で係争を重ねているケースがほとんどです。新聞など公に報道されたケースも載せていますが、実例を語ることは、児童相談所側を刺激し、より強硬な態度をとられるなど、さらに不利な状況を招く可能生を含んでいます。そういったことを踏まえてなお、本書のために情報を提供していただいています。

そうした事情から、事例の詳細の一部にはぼかした箇所があることをご了承いただきたい。ただ、ここに書かれた事例は基本的に脚色や改変を行なっていない「事実」です。

子どもを取り返すため、このシステムのおかしさを指摘するために、今も多くの親が闘っています。そして、あなたもまた明日、期せずしてその仲間入りをする可能性があります。そうならないためには防御方法を身につけるとともに、このテーマを広く世の中に知ってもらう以外、方法はありません。まず何よりもそのことを断っておきたいのです。

冤罪ケース①―1　事故によるケガを虐待として医師に通報される

母親がGちゃん（当時1歳）を抱いて階段を降りていた際、足を滑らせて階段から転落しました。母親は打撲を負い、Gちゃんは手を骨折してしまいました。Gちゃんを心配した母親は、自分のケガの手当もそこそこにして、慌てて病院にGちゃんを連れて行ったところ、Gちゃんを診察した医師が「母親の虐待のせいでGちゃんが骨折した疑いがある」として児童相談所に通報してしまいました。通報を受けた児童相談所は、母親からの事情聴取をすることもなく、Gちゃんを緊急一時保護と称して連れ去りました。

その後、母親はGちゃんのケガの本当の原因を何度も説明しましたが、どんなに母親が事実を説明しても、児童相談所は母親の言い分を一切聞かず、「自分の虐待を認めない、自覚のない虐待親」と決めつけました。

さらに児童相談所は「お母さんが自分の虐待を認めないなら、今後、子どもさんとは会わすことはできない」と脅迫したため、母親は「自分が虐待を否定している限り子どもは返してもらえない」と判断し、子どもを返してもらうためだけに自分がしてもいない虐待を認めることにしました。そして児童相談所には一切逆らわず、従順に従うことにしました。

形式的とはいえ母親が虐待を認めてからというもの児童相談所職員は、母親に対して「お前は虐待親だ」と何度も言い聞かせ、母親が少しでも自分の主張をしたり、疑問点について質問したりすると、「そういうことを言うのは反省がうかがえない」と睨み付けました。母親は職員の態度に不信感を募らせましたが、徹底的に従順な母親を演じることを貫き通しました。すると6か月後になんとか子どもを返してもらうことができました。

しかし現在も、いつまた子どもが児童相談所に事実無根の虐待通報をされて、連れ去られてしまうかわからないという不安に脅えて暮らしています。

このケースでは母親は子どもに対していかなる体罰も与えていません。「児童虐待がある」という、病院からの一方的な通報だけで、ここまでのことが行なわれているのです。これは、子どもをもつ親全員にいつ訪れてもおかしくない悲劇です。

冤罪ケース①―2 事故によるケガを虐待として医師に通報される

2020(令和2)年10月に兵庫県明石市は、児童相談所が2018(平成30)年に虐待を疑い一時保護した当時2か月の乳児が、両親と1年3か月間引き離されて暮らす事案があったと発表し、同市の市長は虐待はなかったと認めた上で、「家族で過ごす時間を奪ってしまい、申し訳なかった」と謝罪しました。

このケースも虐待に骨折よると医師が判断し、児童相談所に通報し、保護されたケースでした。診断し通報した医師は、内科医であったといいます。

両親によると、いつどこで骨折したかがわからない原因不明の骨折でしたが、児童相談所のアドバイザーである医師が「螺旋状の骨折であり、右腕をひねらないと起きない骨折で大人の力によるものである。100％虐待によるものと考える」と診断し、3歳の長男、2か月の次男の2人の子がいたにもかかわらず、次男だけ一時保護したそうです。

両親は弁護士に相談したところ、「骨折はあるが、故意か過失かの断定は極めて難しい。これが『100％虐待』と断言できるということは極めて難しい。赤ちゃんの二の腕はものすごく小さい。つかめないです、両手では。理屈で言うとできるのかもしれないけど、現実的にどうなのか」と話していました。

児童相談所は、いくら説明しても「虐待を認めない虐待親」だと決めつけます。次男が一時保護された後、乳児院への長期入所に同意するよう求められましたが、両親は虐待を認めるようなことはできないと考えて、同意をしませんでした。そして、虐待ではないと裁判所に訴え、審判をはじめたといいます。

◆審判で虐待ではないと争えば

審判で虐待を争うと、審判が続いている間は保護が続きます。もし審判に負けてしまうと、さらに原則2年保護されることになります。そのため、前述したGちゃんのケースのように、虐待をしていないのに、争わず虐待と認める親が多いのです。

虐待していないにもかかわらず、施設入所に同意し虐待を認めれば、子どもの帰宅に向けた指導が開始され、比較的早く子どもが返されます。しかし、それでも返されるまで1年以上かかるケースもあります。

審判で争うと、面会を一切認めてもらえないケースもありますが、この明石市でのケースでは、審判終了まで両親との面会は月1〜2回の面会制限がありました。時間は1回につき1時間という、とても短い間です。

さらには、審判の間は、児童相談所から「虐待を認めない限り、帰宅に向けた指導を開始しません」と、家族再統合という親子の将来に向けてのサポートをまったくしなかったといいます。これは、明らかな国際的な「子どもの権利条約」違反でもあるのです。

審判申し立てから10か月経った2019年8月、神戸家庭裁判所明石支部は「虐待は認められない」「母親に不適切な対応は見られない」として児童相談所の申立を退けました。その3か月後、大阪高等裁判所も児童相談所の不服申立を退ける決定を出しました。

そして、一時保護から1年3か月、ようやく次男は両親のもとに戻れたのです。明石市の市長からの謝罪はあっても、児童相談所からの謝罪の言葉はなかったといいます。

〈引用〉一時保護で1年超え別居（明石市の例）

虐待争えば子どもに会えず（明石市の例）https://www.ktv.jp/news/feature/20200806/

児相保護で1年超別居「虐待なかった」明石市長、両親に謝罪
(2020/10/15 21:55 神戸新聞NEXTより)
兵庫県明石市は15日、児童相談所が2018年に虐待を疑い一時保護した当時生後2カ月の乳児が、両親と1年3カ月間引き離されて暮らす事案があったと発表した。同市の泉房穂市長は虐待はなかったと認めた上で「家族で過ごす時間を奪ってしまい、申し訳なかった」と謝罪。市は11月、当時の対応や改善策を検証する第三者委員会を設置する。

市などによると、18年8月、明石市在住の夫婦＝いずれも当時40代＝の次男が右腕を骨折。病院から通報を受けた兵庫県中央こども家庭センター（児童相談所）が親による虐待を疑い、次男を一時保護した。両親は「虐待はしていない」と説明したが、聞き入れられなかったという。児相側は同年10月、医師の「骨折は虐待によるもの」という診断結果などを理由に、児童福祉法に基づいて次男の施設入所を求める審判を神戸家裁明石支部に申し立てた。19年8月、同支部は「虐待とは認められない」として申し立てを却下。同年11月には児相側の大阪高裁への即時抗告も棄却され、次男は1年3カ月ぶりに自宅へ戻ったという。

一時保護や審判の申し立ては県が行ったが、19年4月に明石市が「明石こども家庭センター」（児童相談所）を開設して以降、市が事案を引き継いだ。抗告は市が行った。

泉市長は「市としての対応は間違っていたし、十分ではなかった。虐待を裁判所が認めていないので（一時保護や審判申し立てをした）県も間違っていた。県としても対応を検証すべき」と指摘。県中央こども家庭センターの木下浩昭所長は「結果として長期間親子が離れて暮らしたことは申し訳なかった。ただ、当時はけがの原因が分からず、県の審議会にも諮った上での対応で、やむを得なかった」と話した。

11月に設置する第三者委は、裁判官や児童相談所長の経験者、弁護士ら6人で構成。来年3月末までに当時の対応などを検証するほか、一時保護が妥当かどうかを第三者がチェックする仕組みづくりなどの改善策をまとめるという。（小西隆久、藤井伸哉）

冤罪ケース①—3　事故によるケガを虐待として医師に通報される

K君は生後10か月の時、両親と父方の祖父母の実家で過ごしていました。K君はリビングのローテーブルで「つかまり立ち」を嬉しそうに披露して、両親と祖父母を喜ばせていました。その時、K君の手がローテーブルから離れ、直立した姿勢のまま棒のようにまっすぐ後ろに転びました。一瞬の出来事で、母親は支えることができず、分厚いカーペットが敷かれた床に倒れたのでした。

「ゴン」という鈍い衝撃音が響き、K君は火がついたように激しく泣き、母親はすぐに抱き上げてあやしましたが、なかなか泣き止まらず、目が半開きのような状態になり「スー」と寝てしまいました。ソファに寝かせると、手足をピーンとつっぱり数秒すると弛緩するという状態が2、3回続いたため、母親はすぐに救急車を呼び、病院に搬送されました。

K君は病院の診察室までに3回嘔吐をしたためCT検査を受け、硬膜下出血と脳浮腫がみられ入院となりました。CT検査後は、K君はベッドの上で活発に動き回り、母乳も飲み、笑っていました。翌日の検査では出血も少なくなり、脳外科医は「子どもにはよくあること。すぐに退院できるでしょう」と両親に伝えました。このとき、母親は医師に3日前にもK君は転倒をし、泣いたあとトロン寝てしまったが、その後はいつもと変わらなかったことも話し、母親は事故の予兆があったのに対応できなかったことを、とても後悔していました。

ところが２日後、ＭＲＩと眼底出血の検査を受け、眼底出血があるとわかった時、サッと小児科医の顔色が変わりました。小児科医は「風邪の症状があり肺炎が疑われるから」とレントゲン検査をすると説明しましたが、後にそれは虐待の跡がないかを調べるものとわかりました。

小児科医は「乳幼児揺さぶられっこ症候群の疑い」で児童相談所に通告したと両親に告げ、両親は揺さぶった覚えなどないと抗議しました。

翌日すぐに児童相談所の担当者が病院に来て、担当の児童福祉司より「お子さんは自宅へは返せません。乳児院への入所になると思います。３年になるか５年になるかわかりません」と言われ、両親は事故であることを必死に話しましたが、まったく聞き入れてもらえず、退院後に乳児院に入所となりました。

◆乳児院退所後も24 時間３６５日第三者の監視がある生活

入所が決まったとき、Ｋ君の両親に児童相談所は次のように主張しました。

①　虐待とは思っていないが揺さぶられ症候群の可能性は否定できない

② 転倒しただけで、硬膜下血腫、眼底出血、脳浮腫を起こすことは医学的にありえない
③ 原因不明なので対策が取れない、児相が考える安心・安全な環境でなければ子どもは返せない
④ 子どもが怪我をしたことは、親の安全配慮義務違反ということになる

この通達により家庭内は荒れ、両親は泣く泣く施設入所に同意しました。K君は乳児院への入所中は、面会制限はありましたが面会は可能だったため、両親は毎日面会に行っていました。

事故から7か月後に施設入所措置が解除されましたが、元々親子3人で暮らしていた自宅への帰宅が認められず、母親の実家に身を寄せることとなりました。父方の祖父母は事故があったときに一緒にいたため、子どもの養育から阻害されていたためでした。

さらに、「保育園の利用は必須、24時間365日、第三者の監視がある生活をしなさい」と言われ、保育園の送迎も、有料のファミリーサポートやベビーシッターを利用しなければならないと決めつけられました。児相や市の職員の家庭訪問も毎週のようにあり、母親の両親もストレスで疲れ果てたため実家を出なければならない状況に追い込まれました。

そんな状態をみるに見かねた市の職員や、乳児院の園長先生までもが「今の状態では、子ど

もの成長にはよくない」と児童相談所にかけあってくれましたが、何も変わらず、児童相談所は「医者が転倒くらいでは起こらない重篤な症状だと言っている」「とにかく原因が不明なのだから」と言い、生活の自由を制限するだけで何の指導も支援もなかったといいます。

児童相談所の職員が専門家であるならば、両親たちが虐待をしないで愛情ある子育てができるよう家族再統合というサポートをするのが、本来の仕事であるはずです。しかし、監視しコントロールしかしないのがほとんどでした。

◆「乳幼児揺さぶられ症候群」は虐待であるという構図

では、なぜ転倒して頭を打ったＫ君は、「揺さぶられ症候群による虐待」とされたのでしょうか。

乳幼児の事故によるケガを虐待として医師に通報され、一時保護されるケースとして大きな問題になっているものに「乳幼児揺さぶられ症候群（ＳＢＳ：Shaken Baby Syndrome）があります。国連子どもの権利委員会（ＣＲＣ）日本に２０１６（平成28）年春ごろから、ＳＢＳとして子どもが児童相談所に一時保護され返してもらえない」という相談が寄せられるようになったそうです。さらに、「赤ちゃんを強く揺さぶって傷害を負わせた」として、親が刑事事件で逮捕されるケースも増えています。

厚生労働省が出している児童相談所の「子ども虐待対応の手引き」（平成25年8月改訂版）には、「乳幼児揺さぶられ症候群が疑われる場合の対応」として、「SBSの診断には、①硬膜下血腫またはくも膜下出血　②眼底出血　③脳浮腫などの脳実質損傷の三徴候」、を挙げており、「90センチ以下の転落や転倒で硬膜化出血が起きることは殆どないと言われている。したがって、家庭内の転倒・転落を主訴にしたり、受傷転機不明で硬膜化血腫を負った乳幼児が受診した場合は、必ずSBSを疑わねばならない。」と記されています。

そのため、小児科や内科、児童相談所、さらには警察や検察では、自動的に「三徴候＝SBS＝虐待」という図式がまかり通っており、実際につかまり立ちで転倒したケースであっても、すべてSBSによる虐待として、自動的に保護する流れになっているのです。

この問題について警笛を鳴らす脳障害の専門家である脳神経外科医や弁護士、虐待という冤罪をかけられた家族たちの決死のはたらきで、2017（平成29）年以降、SBSで子どもに傷害を負わせた、あるいは殺害したとして逮捕された父母や祖父母たちの無罪判決が次々と出されています。
このＳＢＳとされた数々の冤罪事件の背景については、ノンフィクション作家の柳原三佳氏が取材を重ね執筆した『私は虐待していない　検証　揺さぶられっ子症候群』に詳細にまとめられています。

◆ＳＢＳについて脳神経外科医や欧米諸国の見解

前述の『私は虐待していない　検証　揺さぶられっ子症候群』の中に、多くの脳神経外科医の見解が述べられています。その中から、ここでは約40年にわたり、頭部外傷を負った多くの赤ちゃんや子どもたちを診察し、脳の緊急手術を手がけていた脳神経外科医である青木医師の話をいくつか紹介していきましょう。

「日本で使われている虐待診断マニュアルには、『低い位置からの転落や転倒事故などでは硬膜化血腫などの症状は起こりえない』と記載され、現在はそれが主流となっています。しかし、その説に医学的な根拠はありません。つかまり立ちやよちよち歩きからの転倒、ベッドやソファからの落下、また、畳やクッションマットなど硬くない場所で転んでしまっても、乳幼児型急性硬膜化血腫は起こるのです。」

「私はこれまで、そうした子どもを実際に数多く診察し、何年間も継続して診てきましたが、その後、虐待を疑われた子どもは一人もいませんでした。しかし最近では、家庭内での不慮の事故で頭を打ったにもかかわらず、『揺さぶられっ子症候群』だと診断され、親が虐待を疑われるようになりました。そのことにより、子どもと引き離されることになった保護者たちの心の傷ははかりしれません。今、深刻な社会問題となっています。この現状をとらえ、真実を明らかにすることは、日本小児神経外科学会の社会的責務です。」

「乳幼児は、じつによく転びます。子育てをするうえで乳幼児の転倒を完全に防ぐことなど、まず不可能と言っていいでしょう。繰り返しになりますが、個人差はあるものの、ときとしてその衝撃が子どもの脳に大きなダメージを与えてしまうことはありうるのです。こうした、軽微な転倒によって乳幼児に急性硬膜化血腫が起きてしまうケースを、我々、脳神経外科医は、半世紀も前から『中村I型』と呼んで分類してきました。」

「ところが近年、外来診療をしている医師の実感として、どうも中村I型と診断される子どもの数が減ったと感じていました。じつは"減った"というのは誤りで、本来は頭部にダメージを負った乳幼児であれば私たち脳神経外科医の診断を先に受けるべきところ、揺さぶられっこ症候群の診断が定着したことで、日本における大半のケースで、『事故ではなく揺さぶりによる虐待であること』の判断を優先していたことがわかったのです。しかも、その経緯を聞けば、脳の手術などしたことのない小児科や内科の医師たちが、アメリカの論文をそのまま踏襲するかたちで、虐待として広めていったというではないですか・・・」

現在、アメリカを含む諸外国では、第一線の研究者だけでなく行政機関や司法機関までもが、「SBS理論は不確かだ」と、これまでの誤りを認めたり、現状を見直したりする動きを起こしています。

しかし、日本では、いまだに「三徴候があれば揺さぶりによる虐待である」と断じるSBS理論肯定派の医師たちが存在し、厚生労働省は肯定派の医師たちの理論に基づいて、「SBS＝虐待」という図式を改めようとはしません。

そして、このSBS＝虐待とすることで最も大きな問題は、一時保護という手段で、母親との関係性が一番重要となる乳幼児期に、子どもから母親を引き離すことです。

前述しましたが、児童相談所が子どもの福祉に関わる専門家と呼んでいる職員は経験が浅く、子どもと母親や父親と充分に関り、家族再統合の指導やサポートも充分ではありません。たとえ指導が充分でなくとも、未熟であっても真摯にサポートに関われば、親たちの心も開いていくでしょう。しかし、親たちの話を聞くと、虐待親と決めつけて引き離すだけで、何もしないのがほとんどです。

子どもにとっての幸せとは何なのでしょうか。

厚生労働省や児童相談所は、児童虐待防止法の文言にある「措置」しかしません。子どもの幸せを第一優先しているのならば、「措置」ではなく、「愛情」をもって子どもや親たちに関ってほしいものです。

冤罪ケース②—1　子どもが親から虐待を受けたと嘘をつく

虐待されていないのに一時保護された実際の子どもの声として、「国連の子どもの権利委員会」に報告書を提出した高校生Sさんのケースを挙げましょう。

これは、子どもの権利委員会（CRC）日本が発行する、2019（令和元）年のブックレットに掲載されている「お母さんと暮らしたい」と題して報告書を提出した、Ｓさんの生の声です。

母の再婚相手に嫉妬し、私は「義父に虐待された」と嘘をつきました。それがもとで母と引き離され、一切の説明もないまま児童相談所（児相）の一時保護所に入れられました。「虐待の話は嘘です！」と泣き叫びましたが聞き入れられず、「そんなに泣きたいなら、ここで泣いてろ！」と、だれもいない部屋に押し込められました。

そこでは囚人のような扱いでした。日誌を書き終わると私語は一切禁止。食事や歯磨きの間でもです。ルールを破ると、だれかと話したり遊んだりすることを全部禁じる「お一人様」という罰が待っています。罰を受けている子と話した子も「お一人様」にされるため、罰を受けている間はみんなに冷たくされます。この罰が長いと一月も続きます。

寝る前に飲まされていた薬も、翌日、必ず気持ち悪くなるので嫌でした。拒否しても「決まりだから」と強制的に飲まされました。

児相は情報操作もしました。母への手紙は児相が言う通りに書くよう言われ、私には「母と連絡がつかない」と嘘をついたのです。母は毎日のように児相に電話をし、私を取り戻そうとしてくれていたのに、児相側は話合いを拒否していました。こうして私に「母は何もしてくれない」と思わせ、私が母を嫌いになるよう仕向けたのです。私はずっと家に帰りたかった。私はただ大好きなお母さんと一緒に暮らしたいんです。

児童心理学からみて子どもが嘘をつくことはあります。しかし、虐待を受けたという嘘は嘘とは判断せず、虐待を受けていないと言うと嘘だと児相の職員に決めつけられる、このようなケースは多いのです。そしてもっと問題なのは、児童相談所は子どもを人間として扱ってはいないということです。収容所の管理人と奴隷の構図に似ていると思いませんか?

冤罪ケース②―2　子どもが虐待を受けたと嘘をつく

Hちゃん(当時14歳)とI君(当時12歳)姉弟は、生活が乱れており両親に叱られることが多くなりました。姉弟は両親に叱られたことに憤り、両親に対しての嫌がらせを計画しました。この年頃の子どものイタズラ心もあったかもしれません。

彼らは放課後の学校に駆け込み、学校長に対して、両親の悪口をあることないことあげつらいました。小さな出来事を誇張したり、ありもしない話をでっち上げたりしながら、両親が自分たちにいかにひどいことをしたかを言いつけたのです。

それを真に受けた学校長は、両親に対する虐待調査もしないまま、短絡的に児童相談所に「両親による虐待の疑いがある」として通報してしまいました。

通報を受けた児童相談所は、これまた両親に対する虐待事実をまったく調査しないまま、学校長と姉弟の話だけを鵜呑みにして、姉弟を一時保護してしまいました。

児童相談所は姉弟を一時保護した翌日に、彼らに対して健康診断を行ない、身体的虐待が行なわれた跡は一切ないことを確認し、そのことを両親に伝えたものの、なぜか姉弟を両親に返そうとはしませんでした。

両親は虐待通報をした学校長のところに直接出向き、虐待など一切ないことを説明したところ、学校長は虐待の事実はなかったことを認め、「虐待通報は間違いであった」と児童相談所に通報の撤回をしに行きました。

ところが、児童相談所は、なぜか学校長からの通報撤回要求を却下し、今度は子どもたちが「学校生活や日常の生活でついた傷」などと説明した話を「両親の虐待の痕跡だ」と言い始め、証拠もない両親の虐待をでっち上げ始めました。虐待行為は一切なかったことを主張する両親に対して姉弟との面会を禁止した上で、「姉弟は家に帰りたくないと言っている」として一向に子どもを両親に返しませんでした（実は姉弟は家に帰りたがっていたことが後に個人情報開示等により明らかになっています）。

◆一時保護され、薬漬けにされる子どもたち

Hちゃんと I 君姉弟のようなケースは児童相談所が行なう不当な保護の典型的ケースです。子どもは得てしてこういう行動をとるものであり、それは愛着の裏返しでもあるでしょう。そして、特に問題視されるのは、親だけでなく現場を見ている教員の意思表明があるにもかかわらず、児童相談所側は徹底的に虐待の事実を捏造して虐待通報を取り下げないところです。この背景には、児童相談所のメンツ、予算請求、件数稼ぎなどさまざまな思惑があります。これについてはおいおい説明をしていきます。

さらにこのケースでは保護施設の職員に暴行を受けていることが、保護された子どもの証言から明らかになったのです。これは日常的に行なわれていることであり、名目上虐待で傷ついた子どもを受け入れるはずの保護施設内で、さらにとんでもない虐待を加えているのだから始末に負えません。

また、保護された子どもたちは児童精神科医によってＰＴＳＤ（心的外傷後ストレス障害）とかＡＤＨＤ（注意欠陥・多動性障害）などと診断され、薬を飲まされることになります。一時保護を行なった児童相談所の職員が「ＰＴＳＤとかＡＤＨＤの疑いがある」と決めつけたあげく、児童相談所と提携している児童精神科医に送り込んで病名を確定させています。虐待か否かを調査する前に、精神薬の投与が行なわれており、これは児童相談所職員の勝手な判断で精神病患者が作られているといっても過言ではありません。

そして、保護した児童には、最初から虐待があったことを前提に質問をして、発言を誘導します。「虐待されていたよね」「君は被虐待児だからね」などと誘導し、徹底的に洗脳していくのです。

虐待などしていない保護者は「虐待などしていない」と児相職員に詰め寄りますが、児相職員は自分たちの間違いを指摘されることに憤慨し、児相職員の言うことを聞かない「クレーマー保護者」だと決めつけていきます。あとは、法律を語り、場合によってはウソまでついて保護者を脅し、一時保護で拉致した児童を「保護措置」に切り替え、児童養護施設へと入所させていきます。こうして徹底的に家庭崩壊が進められていくのです。さらに裁判所も、こんな児相のシステムを知っていながら公的機関を庇おうとするのです。

◆児童相談所の職員による保護された子どもへの虐待

子どもの「虐待された」という嘘は嘘と認めず、「虐待されていない」と本当のことを言えば、錯乱して嘘をついているとして精神薬を飲まされます。

これは、児童相談所の職員が子どもをコントロールするという常套手段です。子どもの本当の声を真剣に聴こうとすれば、このような精神薬を飲ませることは起こりえないはずですが、児童相談所の都合で今も多くの被害者が出ています。

HちゃんとI君姉弟が一時保護された後、児童相談所の取った対応は劣悪でした。まず児童相談所は一時保護した当初、なんと9か月もの間、姉弟を学校に通わせず「子どもに教育を受けさせる義務」を放棄し続けていました。しかも姉弟は、保護されている施設の職員に何度も身体的虐待を受け、弟は自殺未遂まで起こしていました。しかしその事実を、児童相談所は両親には一切知らせなかったのです。

施設内では職員による虐待も日常的に行なわれ、子ども同士によるいじめも蔓延しており、姉弟によって両親に苦情が伝えられ、両親は施設内での子どもの待遇を検討するように児童相談所に対して何度も申し立てましたが、施設の環境改善の努力を一切行ないませんでした。

姉弟はこのような劣悪な環境についに我慢できなくなり、施設職員の隙をついて自宅に電話をし、両親に助けを求めました。姉弟から電話を受けた両親が児童相談所に連絡をし、姉弟を家に返すよう話し合いを持ったところ、弟のみは帰宅できることになりました。

しかし姉は、施設から通っている学校に愛着を持ってしまい転校をしたくないという意志を表明した途端、無理やり施設に連れ戻されてしまいました。両親は児童相談所に、せめて姉のいる施設職員の身体的虐待や子ども同士のいじめを改善してほしいと訴えましたが、児童相談所は「子どもの言っていることだから本当に虐待やいじめか起きているかはわからない」として改善対応を拒否しています。

これが、権力をもった専門家ではないド素人の職員による、コントロールと虐待の実例なのです。

冤罪ケース③―1病院・学校・児童相談所にとって不都合の隠蔽に利用される

（病院がでっち上げた代理ミュンヒハウゼン症候群（児相による拉致・ケース））

被害児Dちゃん（当時５歳）はある病気を患い入退院を繰り返していました。Dちゃんの入院中は常に点滴を行っている状態がありました。入院中、Dちゃんに原因不明の発熱が何回か続いたので血液培養検査を行ったところ、通常では考えられない「バイ菌」が複数発見されました。医師の話によると、このようなことは通常あり得ないことで、だれかが故意に点滴にバイ菌を混ぜている可能性があるとのことでした。

その医師によれば、「Dちゃんの複数の発熱の際に担当した看護師は同一人物ではないので看護師がやったとは言えない」という曖昧な理由で「看護師が犯人ではない」と言い切りました。この決めつけは確かなる証拠のあるものではありません。その後、その医師は病院側の責任はないと決めつけたばかりか、なんと母親を犯人に仕立てあげました。「母親の見舞いの直後にDちゃんの発熱が起きている」という短絡的な理由からでした。

Dちゃんの病室はナースステーションの向かいに位置しており、常に看護師たちから見える状態にあります。また同部屋の見舞い人がひっきりなしに出入りしている状態なので、母親がこっそりと何度もDちゃんの点滴に「バイ菌」を混入するのは不可能です。それにDちゃんの病室には監視カメラがあり、時間病室の様子が記録されていましたが、その記録映像には母親の不自然な行動は映っていなかったと病院側は発言しています。しかし、以降の裁判の過程で母親側から出された監視カメラの映像の開示請求を、病院側は拒否しています。

結局、病院は母親を「代理ミュンヒハウゼン症候群」（周囲の関心・同情などを引くために病気の偽装や自傷行為を行なう精神疾患とされている）であると決めつけ、児童相談所に虐待通報しました。

児童相談所は、母親の説明を一切聞かず、病院側の言うことのみを鵜呑みにしてDちゃんを一時保護してしまいました。事実調査など一切行なっていません。児童相談所は両親とDちゃんの面会通信を一切禁止しており、2年以上にわたって完全隔離状態としました。

◆不都合な真実を隠蔽する病院

このDちゃんのケースは、医師として非常に背景が理解しやすいケースです。それは、病院という場所は自分の罪や問題を隠すためには、どんなことも平気でやる場所だということです。

裁判内容によれば起因菌が通常では考えられないものであるということですが、これが院内感染や医原病（医師や看護師などの医療行為を原因として起こる疾患）である可能性は当然、否定できません。

院内感染を否定するのはまったく根拠に乏しく、医師の私から見ても、このケースが病院のミスである可能性は大いにあると思われます。しかも監視カメラまであるにもかかわらず、それには親の不審な行動が映っていないことと、開示請求にも応じないことをいかに考えるべきでしょうか。

結局、このケースは病院による不都合な事実の隠蔽工作である可能性は十分考えられます。にもかかわらず、通告による捏造で児童は拉致され、事実はウヤムヤになってしまいます。

これは病院側が、この児童相談所システムの欠陥をうまく利用したケースと言えるでしょう。

このようなケースは日本中にゴマンと存在します。

このケースはほぼ間違いなく医原病であり、病院の不都合を隠蔽するために児童相談所が用いられたと言ってよいでしょう。

冤罪ケース③―2病院・学校・児童相談所にとって不都合の隠蔽に利用される

母親はE君（当時1歳）を母乳で育てていたが離乳食があまり進まず、身長も体重も同年代に比べかなり少なかった子でした。定期検診の際には、母乳ばかり欲しがり固形物をほとんど食べないE君に栄養不足の恐れがあると指摘されました。心配した母親はすぐに病院にE君を連れて行き診察を受けました。

診察の結果、Ｅ君は栄養不足が認められたために入院して治療することとなりました。母親は幼いＥ君を不安にさせないように、Ｅ君を毎日見舞っていたところ、病院からは「忙しいのでこんなに頻繁に来られると迷惑だ」と見舞いの制限をかけられてしまいました。

母親はやむを得ず病院の言うことに従い、見舞いの回数を抑えることにしましたが、Ｅ君の栄養不足は一向に回復しないばかりか、ますます悪化して様子がおかしくなっていきました。

これに対して母親が病院側に説明を申し入れた途端、病院は母親に説明を一切しないばかりか、「母親が命の危険のある子どもの治療を拒否し、半狂乱になって無理やり退院を迫っている」と児童相談所に虐待通報してしまったのです。

そして児童相談所は母親からの説明や事情を聞くこともせず、病院の言うことのみ一方的に聞き取り、そのままＥ君を一時保護すると共に、Ｅ君と両親の面会を禁止してしまいました。

Ｅ君の両親は児童相談所に対して、自分たちが病院の治療を拒否したことなど一度もなく、退院を無理やり強要したことなどもないことを何度も説明しましたが、児童相談所は一切耳を貸さず「虐待の自覚のない虐待親」と決めつけました。それどころか、「自分の虐待を認めない限り子どもさんとは会わせられない」と脅迫してきました。

「自分たちが自分の虐待を認めない限り、子どもを返してもらえない」ということを感じ取った両親は、自分たちの身に覚えのない虐待を、児童相談所に言われるがまま認めることにしました。児童相談所に逆らわなかったために、両親はE君との面会だけは認められるようになりました。

◆病院に逆らえず、保護を正当化しようとする児童相談所

確かにこの親にまったく責任がないわけではないかもしれません。周囲の意見を参考に乳児の食事について親がもっと学んでいれば、このようなこと自体は起こらなかったかもしれません。しかし、本当に子どもを虐待している親なら、虐待がバレかねない健診にわざわざ行くでしょうか？

このケースの児相職員は、両親に「お子さんに対して一生懸命なことはわかりました」「でも、児童相談所が保護したほうがよいと判断しているので、それに逆らわないようにしてください」「親御さんには精神科の診察を受けてもらい、カウンセリングを受けてもらいます」「大人しく指示に従っていれば悪いようにはしません」「お子さんの精神状態を心理士等に判断させ、大丈夫なようなら一時帰宅を検討します」などという言葉を発しています。

なぜ両親に精神科の受診を指示するのでしょう？ 私は医師としてこの両親が精神的におかしいとはまったく思えません。１歳の子どもの精神状態を心理士は診断できるのでしょうか？ もちろんそんなことできるはずはありません。

この両親は自らの選んだ３人の精神科医に診断を委ね、「精神の異常を認めない」との診断書を取得し児童相談所に提出しました。ところが、児童相談所は「われわれが指定する精神科医による診断じゃないと、子どもを養育できるかどうかの判断材料にはできません」と言い放ったといいます。仕方なく児童相談所の指定する精神科医を受診し、そこでも「異常無し」との診断が下っているのですが、その後も子どもは家庭に戻ってはおらず、その理由を質問しても職員は明言を避けています。

そして、両親はE君が「保護」されている施設に頻繁に通い、施設職員とも打ち解ける仲となりました。献身的な母親の言動から、施設職員は「あなたたちがE君を虐待しているなんて客観的に見てあり得ない」と信じてくれるようになり、児童相談所に対して「E君をこれ以上保護する必要はない」と意見を進言してくれましたが、それでも児童相談所は一向にE君を両親のもとに返しませんでした。保護後、約３か月もの間、母親は毎日、施設に通い続けましたが、その間に児童相談所職員が施設に訪れることは一度もありませんでした。

冤罪ケース③――3病院・学校・児童相談所にとって不都合の隠蔽に利用される

被害児B君（当時2歳）の母親は、B君を連れて再婚しました。B君は母子家庭で母親が一人で育てた子であり、生活環境が安定しなかったため多動で落ち着きがなく、両親や先生の言うこともまったく聞かない「育てにくい子」でした。再婚後、B君の行動はさらに荒くなり、しばしば学校や家庭で暴れるようになりましたが、小学校高学年の男子であるB君の力はかなりなもので、両親は打撲や擦り傷を日常的に負うようになっていました。

両親はこんなB君の養育に困り果て、児童相談所に育児相談に通うことにしました。B君の両親は児童相談所を信頼し、真面目に児童相談所に通いました。しかし児童相談所は親身になって話は聞いてくれるものの、具体的な指導や提案は一切ありませんでした。児童相談所に通うようになり、1年以上が過ぎてもB君の状態は一向に改善されませんでした。しびれをきらしたB君の両親は「Bはなぜ変わらないのか。児童相談所に真面目に通っているのだから、解決策を見つけてほしい」と児童相談所職員に詰め寄るようになりました。

児童相談所側が苦肉の策で提案したのが、「お母さんも育児に疲れているから、少しの間、B君を里子に出して離れてみてはどうか？」という一時しのぎの案でした。

児童相談所の提案に賛成したわけではありませんでしたが、Ｂ君の両親は疲れ切っていたため、その提案にのり、Ｂ君を里子に出すことで、Ｂ君と距離を置くことにしました。しかし、児童相談所はＢ君と両親を引き離すだけ引き離したまま、後のケアを一切せず放置しました。

Ｂ君と離れて暮らし始めた両親は、すぐに「子どもと離れていては心が離れてしまう。根本的な解決にはならない」ということに気づき、児童相談所に対して「わが子を家庭に帰してほしい」と要求するようになりました。

しかし児童相談所はなぜかＢ君を家庭に返さないばかりか、突然「Ｂ君がおかしいのは、Ｂ君の両親が虐待をしていたせいだ」と言い出しました。もちろん両親はＢ君を虐待などしていません。児童相談所は虐待の調査も一切しないまま、両親の虐待を決めつけました。

◆児相のメンツのため親権を剥奪し、家庭の再構築をしない

指導が充分でないことを突かれた児童相談所は、その後、Ｂ君の祖父母（母方の両親）にこっそり連絡をとり、「孫であるＢ君が両親からひどい虐待を受けている」と事実無根の作り話を吹き込みました。

その虚偽話を信じたＢ君の祖父母は児童相談所から助言を受け、家庭裁判所へＢ君の両親か

ら親権剥奪をするための民事審判の申し立てを行ないました。家庭裁判所は何の証拠もない児童相談所と祖父母の証言だけを鵜呑みにし、B君の両親からB君を虐待していたと認定してB君の親から親権を剥奪し、祖父母をB君の親権者にする決定をしました。B君には幼い妹がいますが、児童相談所は妹に関しては虐待調査も一切行なっておらず放置したままです。児童相談所は、「親権剥奪をしなければならないほど虐待している」はずの両親について虐待調査さえ行なわず、幼い女の子を養育させ続けています。

この親は虐待とは何の関係もない、「子育て相談」という目的のもと児童相談所を訪れました。そんな親でさえも、ウソと捏造によって里子制度というシステムに無理やり「拉致」させられることになってしまいました。なぜ里子システムから元に戻そうとしないのかは、児童養護施設への入所を含めた利権を保持したいという思惑があるからです。

そしてこのケースには二つの矛盾があります。一つは、子どもと親との問題について修復を試みることもなく、祖父母に親権まで譲ってしまっていることです。これは本質的な解決とは程遠いものです。虐待の実態がなく児童相談所も何一つ虐待に関する証明はできていないにもかかわらず、児童相談所のメンツのために、親のもとから子どもが引き離されてしまったのです。

そしてもう一つは、もう一人の子どもは両親の下にいるということです。倫理的にいえば、妹も祖父母のもとにいって兄弟ともに育っていったほうが理にかなっているし、本当に虐待親であるならそうなってしかるべきでしょう。しかし現実にはそうなっていません。

このケースは児童相談所が家庭について真剣に考え、どうやって家庭の再構築に貢献しようとするか、その意思が皆無であることを明確にしている証ではないでしょうか。

冤罪ケース④　児童精神科医と児童相談所による虐待

被害児Cちゃん（当時6歳）は保育園、小学校と通じて友人からのひどいいじめを受けていました。いじめのストレスでCちゃんの様子がどんどんおかしくなっていったことから、Cちゃんの母親は、市の相談センター（児童相談所とは別の機関）にCちゃんの受けているいじめの相談に行きました。

すると相談センターはいじめを解決する方策をまったく示さないで、「Cちゃんが精神的におかしい」と一方的に決めつけて、母親にCちゃんを精神科医へ受診させるよう勧めました。母親は相談センターの指示に従い、Cちゃんを受診させたところ、「うつ病」と診断され、その日のうちに薬を処方されました。

しかしCちゃんのストレスの原因はあくまでもいじめが原因と考えられ、薬で解決するものではありません。

Cちゃんはその後も、学校の先生が家まで迎えに来て、いじめがまったく収まっていない学校に無理やり登校させられていました。うつ病の薬を飲み続けながら…。そしてとうとうCちゃんは学校でのいじめのストレスに耐えられなくなり、母親に対しても毎日のように暴れるようになってしまいました。

困り果てた母親はCちゃんを早期に病院に入院させたいと考えましたが、その病院の医師から「児童相談所経由でなければすぐには入院させられない」と言われました。仕方なく母親はすぐに児童相談所に相談しました。すると、病院からすぐにCちゃんの入院を受け入れる連絡が来たため、入院させることにしました。

なお、この入院に関しては、児童相談所が病院にCちゃんを一時保護委託するという形がとられたので、Ｃちゃんに関しての母親から病院への質問や照会はすべて児童相談所長経由とされてしまいました。

その後、Ｃちゃんに対する診療内容、病状の推移について児童相談所から母親には一切説明されることはありませんでした。

◆子どもを廃人にする児童精神科医と児童相談所の手口

一時保護された後のＣちゃんがどうなったかを話しましょう。入院後のＣちゃんの精神状態は好転するどころかますます悪化していき、トイレに行かないで大便を漏らすようにまでなってしまいました。これはＣちゃんが、大量の薬物を投与された結果、精神活動が著しく阻害された結果だと考えられます。


そしてその後、母親のもとに突然、児童相談所から、「虐待の疑いがあるため一時保護を延長する」との通知が送られてきました。その通知に書かれている虐待の内容というのはまったく驚くべきものでした。

それは、「診断の結果、Ｃちゃんの処女膜が破損していることが確認され、Ｃちゃんの兄による性的虐待（レイプ）が疑われる」と信じられないものでした。

Cちゃんが入院する前も普段の生活の中でCちゃんと兄が二人きりになるような状況はなく、夜は母親とCちゃんは毎日一緒に寝ていました。またCちゃんの兄は成人であり、もしも6歳のCちゃんが成人の兄にレイプされたのが事実なら、処女膜破損程度では済まないはずです。

しかし児童相談所は事実調査を一切することもなく、実態の矛盾点も調査しないまま推測だけでCちゃんの兄をレイプ犯と決めつけました。そして、なぜかCちゃんの兄を警察に告発していません。もちろんこのケースでは性的虐待の事実など認められませんが、児童相談所はその証拠を提示することもなく、一方的に決め付けています。母親と兄に虐待という冤罪をかけているのです。

Cちゃんは家に帰りたがっていましたが、児童相談所はCちゃんの意志を無視し続け、Cちゃんを「保護」し続けました。そして、Cちゃんは病院にてリスバダール等の大人でも耐え難い副作用のある劇薬を投与され続けました。

このケースは私がずっと相談を受けて来た精神医学、児童精神医学の詐欺犯罪が、児童相談所と一体化して行なわれたものです。これは日常的に行なわれている児童精神科医と児童相談所による真の虐待といえるでしょう。

冤罪ケース⑤　保護単価獲得のため、子どもを拉致する

Ｆ君（当時８歳）は知的障害境界域といわれていました。一時的には不登校などの時期があり、母親自身も子どもの不登校の前から精神科に通院し、精神薬の多剤処方を受けていました。

母親は薬の投与後に状態がおかしくなっていきましたが、そのころは多剤療法を受けても精神科医を信じ込んでいたので、薬を疑うこともなかったし、医師に言われるがまま、薬を飲み続けていました。

精神状態が悪化したため、家庭は成立せず、母親は子どもの世話をほとんどできませんでした。子どもは一時的に児童養護施設に引き取られる時期もありましたが、「子どもを育てたい」という意志と親の努力によって再び家に戻れる時期もありました。

状況が激変したのは、Ｆ君が思春期にさしかかったころでした。おそらく思春期心性によると思われる幻聴のような症状と不登校が重なり、そして精神科ではてんかん発作はないのに脳波検査でてんかん波があるという理由によって、抗てんかん薬の処方がなされて少し経ってのことでした。Ｆ君が自殺未遂をしてしまったのです。それまで自殺企図などなかったことを考えると、抗てんかん薬により誘発された可能性も強いと推測できます。

その際、児童相談所職員から「F君の精神的ケアを行なうため」と説明をされ、一時保護が決まりました。この一時保護に関しては両親もF君の精神的回復を優先するとして逆らうことなく同意していたので、児童相談所もF君と両親の面会を禁止しませんでした。一時保護は病院に委託する形をとりましたが、ケガが回復すると同時にF君を児童相談所の一時保護に移しました。

この頃から児童相談所の対応はおかしくなりました。まず、一切の延長理由も示さず不可解な一時保護の延長が行われました。両親は「子どもの精神的回復を図るため」ならと一時保護後の入所処置に同意していましたが、児童相談所は、本来ならまったく必要のないはずの「入所措置の許可を取る審判」を「両親の虐待のため、入所措置が必要」として家裁に対して申し立てを行いました。家裁では虐待は認められませんでしたが、児童相談所の独断によってF君との面会禁止の継続を決定し、両親は数年以上にわたってF君と会えていません。

◆公務実績のため虐待対応件数を稼ごうとする児童相談所

なぜ、児童相談所はこのような不可解な対応をしたのでしょうか。

通常、一時保護の期間は原則2か月であり、特別の理由がなければ一時保護は延長してはならないし、一時保護期間の２か月を越えて保護が必要な場合は入所措置に切り替えねばなりません。入所措置に切り替える場合は両親の許可が必要ですが、両親が入所措置に反対している場合は、児童相談所が家裁に審判を申し立てて家裁の許可を取り、「入所措置」に切り替えます。

Ｆ君の場合は、両親が一時保護も入所措置も両方とも同意しているため、児童相談所は家裁の許可を得る必要がなく家裁の審判も結果を待つ必要もないので、即刻入所措置に切り替えることができました。しかし、児童相談所は一切の延長理由も示さずに、一時保護を30日以上も延長し、入所措置に切り替えるのを拒み続けました。その間、児童相談所は、なぜか「入所措置」に対してすでに同意しているはずの両親に対して、何度も何度も「入所措置への再同意」を迫り続けました。

この不可解な児童相談所の対応は、Ｆ君の両親の入所措置に対する「子どもの精神的回復を図るため」という「同意理由」が気に入らなかったためです。どういうことかというと、被虐待児を保護することによって付く予算を確保しなければならない児童相談所は、自分たちの公務実績のためだけに「虐待対応件数」を計上する必要がありました。児童相談所は、虐待対応件数を稼ぐために両親に対して、Ｆ君に対する虐待をでっち上げ、「自分が虐待をしてしまったから入所措置を認める。」という同意理由がほしかったのです。

しかしF君の両親は虐待などしていないから、虐待を認める発言をしません。そこでついに児童相談所は、本来ならまったく必要のないはずの「入所措置の許可を取る審判」を「両親の虐待のため、入所措置が必要」として家裁に対して申し立てを行いました。さらに児童相談所は、自分たちの思いどおりにならない両親に対して腹いせ的に、F君との面会をも禁止してしまいました。

◆虐待親と決めつけるだけで、家族再統合のサポートをしない

結局、家裁はF君の両親が入所措置に同意していることを理由に、「両親が入所に同意している以上、家裁の承認は必要なく、入所措置を行える」と判決し、児童相談所の申し立てを却下しました。また審判において家裁は、F君の両親が虐待しているという児童相談所の主張を容認しなかったのです。

家裁の判決によれば児童相談所は「F君の精神回復のためには両親との面会制限が必要」として、児童相談所の独断によって強引に両親とF君との面会禁止の継続を決定、両親は数年以上にわたってF君と会えていません。

もちろん父親と子どもの間に虐待など一切存在しませんでした。父親は、「生真面目」という言葉が当てはまる、ごくふつうの会社員で、会社でもそのように評価されていました。それは母親だけでなく、その家族も証言しています。

子どもが保護されたころ、母親は多剤療法の苦しみから子どもには優しくできなかったかもしれないと言います。しかし薬のため当時の記憶がないそうです。母親の精神状態は明確に医原病であり、また子どもが保護されたのも母親の虐待ではないわけですが、母親は自分に罪があると今も深く悔いています。

児童相談所はＦ君を親に会わせないばかりか、法的根拠や保護の理由についてさえも一切明かすことはありません。

本来、児童相談所は家庭に訪問して、状況を確認しながら隔離やその後の展望を決めるものですが、隔離以前から一切家庭には訪問していませんでした。ただの一回たりとも、です。そして一回も訪問していないにもかかわらず、児童相談所と児童相談所つきの精神科医は、父親をどうしようもない虐待者であるかのように断定しました。

家族には誰ひとり味方はいませんでした。あらゆる弁護士に相談しましたが、児童相談所とは闘えないと、請け負う人間は皆無でした。地方議員にも相談したようですが、虐待親の言い逃れ、遠吠えと判断されたようで、取り合ってもらえなかったといいます。

◆すべては児童相談所の目的達成のため

そして極めつけはこの思春期の子どもであるF君に対して、リスバダール、パキシル、ベンザリンという精神薬の処方が行なわれているということでした。

もともと内気な子であったようですが、これらの薬の投与により鎮静気味で、きっと彼らが望む「いい子＝ロボット」に仕立て上げられていることでしょう。そう推測するのは、子どもがその診療によってどうなったか、それさえも情報はほとんど開示されていないからです。

今までの①〜⑤の冤罪ケースと基本は同じですが、彼らは弱いものから順に攻めていきます。本当に虐待をしている親、主張の激しい親には彼らは強く出ることはありません。職員は専門家ではないのですから当たり前です。

今を維持できればいい人間たちにとって、無理やりトラブルを抱え込むより、F君の両親のような児童相談所の指導に同意していくような、弱いと見切った人間を連れ込んだ方が、簡単に目的を達成できるからです。

「一時保護」の目的とは、子どもをよくするためとか、落ち着かせるためとか、家庭の融通を図るためとか、そういう目的ではまったくないことです。「一時保護」は児童相談所にとって数字と予算を確保するための手段であって、その達成のためには子どもが廃人になろうが死のうが、家庭がどれだけ崩壊しようが知ったことではないのです。まさに精神医学、精神病院と同じ理屈の構図がここにも存在します。

これがこの日本で何百何千と起こっている現実なのだということを、あなたは許容することができるでしょうか。

時事通信（２０２２年2月3日）によると、児童相談所の対応にあたる児童福祉司の半数が勤続3年未満と経験が浅い事実があり、虐待に対応する職員の資質を高めるため、２０２２（令和4）年の2月に厚生労働省は虐待対応の新資格を２０２４（令和6）年4月に創設する方針を決めたようです。

これは、専門家のいない児童相談所が虐待の対応、虐待の相談を受けていた実態が明らかとなったにすぎません。

冤罪ケース⑥　児童相談所所長の胸三寸

２０１５年5月の土曜日、生後二ヶ月の男の子がぐったりして様子がおかしいので、父親は近所の病院へ連れて行きました。しかし、ここでは対応できないといわれ、別の病院に行きました。この病院では、頭の中で出血があるが、脳外科専門ではないので、また別の病院に搬送されましたが、そこでも赤ちゃんなので診断できないということで、子ども専門病院に搬送されました。

その病院では、ＩＣＵに入りましたが、原因はわからないまま治療が続きました。月曜日になり、母親は、当時2歳の長男を保育園へ預けて、その病院に行きました。すると、午後、保育園から児童相談所が長男を連れて行ったと連絡が入り、その後、児童相談所から親が虐待しているので、一時保護したと連絡が来ました。

両親とも虐待の心当たりなど全くないので、どうしてよいかわかりませんでしたが、何もしていないのだから長男はすぐに帰ってくると思い、帰りを待ちました。

ところが、一週間がたち、次男は成長してから、もしかしたら障害が出ることがあるかもしれないということでしたが、無事ＩＣＵから、一般病棟へ移ることができました。しかし、Ｉ

CUから出たとたん、面会できなくなりました。

長男も次男も児相の一時保護になってしまったのです。


児童相談所からは、「おもいっきり首をゆすったからこのような症状が出た」と言われ、それが虐待ということで、長男にも危険が迫っているから一時保護したというのです。

2番目に行った病院では、外傷もないとされていたので、それが、何故虐待になるのか、両親にはわかりませんでした。「生後二か月の子を思いきりゆすったら、首が折れて死んでしまうだろう」と伝えても、全くこちらの言い分は聞こうとしません。「警察を入れて調べてほしい」と言っても、やってくれません。とにかく悪いのは、親が虐待したからだといい、裁判所に行ってもどうにもならないとも言われました。

今まで両親は、児童相談所は良いことをしているところだと認識していましたが、ネットなどで調べるとそういうことではないことをやっと知りました。


3か月後、長男が戻ってきました。一時保護の期間が過ぎても延長するという書類にサインをしなければ面会もさせないという風に脅され、サインをさせられました。

半年ほど過ぎて、ようやく月に一度の次男との面会が許されました。面会時に抱かせてはくれますが、次男は母親だと認識していないので、ギャーギャー泣き出します。すると児相の担当者が赤ちゃんを取り上げて、泣き止むのをこれ見よがしに見せつけます。そのようなことが、何か月も続きました。

一年ほど経ったとき、母親は長女を出産しました。出産前に、児相の男性担当者が、「産まれたらその子も児相で保護する」と脅してきました。

2年ほどたった時に次男を里親に出す計画があると言い、返すつもりが全くないことがわかりました。結局、里親の話はうまく進まず、児童施設に移されることになりました。児童施設に移されてからは、月に数回の面接が認められるようになり、4年目に入ってからは、自宅にお泊りもできるようになりました。

この頃は、児相の担当者が心ある人に代わって、「この家族を見ていたらとても虐待をしているとは思えない」と思ってくれ、家族のもとへ戻れるように色々と協力してくれました。

しかし、「児相の所長がOKを出さない限り、いつまでも帰ることはできない。何度も今度こそはというタイミングがあったが、所長のOKがでなかった」とのことでした。児相の担当者が異動で、また担当者が変わってしまう寸前で、何とか家族の元に帰ってくることができました。

その時、すでに一時保護から4年以上の歳月が経っていました。母親の温かさを一番感じなければならないときに、児相の都合で拉致された時間は戻ってきません。

ここで、児相に勤めていたことがあるという男性の話を紹介します。「時に、虐待で亡くなる子供がいるが、何故なのか?」という質問をしたときのことです。彼は「本当に虐待しているような家には行かない。なぜなら、そういう親に限ってうるさいし、面倒なことになるから。それより簡単に連れてくることができるところをターゲットにします。病院からくる通報は一番楽なんです…」と答えたのです。

冤罪ケース⑦ 意味不明の一時保護理由

Aさんの娘2人は、海外に留学していたが、帰国子女の中学生で別の学校を探すために、帰国していました。Aさんの勤める会社の社長はシングルマザーで小学4年生の不登校の男児がいました。Aさんと社長は、日中は仕事があり、また出張もあるので、相談して、その間、助け合って生活をすることにして、シングルマザーと同じマンションの一室を賃貸しました。家庭教師もしてくれる女性が親たちが仕事に行っている間、お世話役を引き受けてくれました。

そのため、全員（3人）学校へ行っていませんでした。

日中に、学校に行っていない、共同生活を不審に思った近所の人が児相に通報しました。

児相と警察が朝7時に来て、いきなり、携帯での電話を禁じ、部屋の中を調査し、冷蔵庫を開けたりして、まともに世話人の話も聞きませんでした。子どもたちに、朝食を取らせてほしいと依頼しても認めず。約一時間後に、一時保護すると言って、子どもたちは、警察署に連れていかれました。ドアを出たところで、親に電話ができ、親が慌てて来たときは、駐車場。「後から、連絡する」と言い残し、警察署に連れて行かれました。子どもたちが児相についたのは、11時過ぎになっていました。

翌日に、児相から、あることないことを言われました。（）内は実情です。

・虐待の疑いがある（冷蔵庫に食材が少なかった。ちょうど前日の夜、食材整理のため、鍋をしたところだった。）

・学校に行かせていない（帰国子女は、学校からの転入可否の回答を待っていた。男児は、不登校で、親は学校と頻繁に連絡を取っていた）

・児童労働させている（掃除、食材の買い出し、調理を教育のため、大人と一緒にやっていた）

親たちは、納得がいかないため、事情を説明し、一時保護の理由を尋ねました。その回答は、

「一時保護する理由があったから」という一言でした。

さらには、「どこをどう改善すれば、返してもらえるのか？」と訊くと、それには回答しませんでした。

もちろん、面会交流は認められていない中、そんなやりとりをしていると、児相から、親たちは、『今の会社を辞め、今後関わらない』と同意書に書く」という条件が提示されました。

数日後、子どもたちから親宛に、「一日も早く帰りたいので、同意書にサインをしてください」と手紙が届きました。


帰国子女姉妹の両親であるAさんたちは、納得がいかなかったが泣く泣く、同意書にサインをし、会社を辞めました。

代表であるシングルマザーは、同意書にサインをするということは会社を閉鎖するということになり、社員や取引先のこともあり、「必ず、改善するから、どこをどう改善すればよいか、教えてほしい」と何度も懇願しましたが、その回答はありませんでした。そのうちに、子どもは、養護施設送りになっていました。さらには、養育費をこれまで払ってもいない、元夫に連絡し、養育する気があるか？と問い合わせていました。その子は嫌がりましたが、元夫は、養育を引き受けることになり、そちらに返され（行き）ました。

母親は、納得がいかず、親権を戻すために、裁判を提起しました。

そこで、調査員と何度か、面接を受けるなか、その調査員が、「この一時保護はおかしいし、元夫に親権が移ったのもおかしい。あなたが養育すべきです。結果はわかりませんが、そのように、ベストを尽くして報告します」と言ってくれました。母親は、はじめて私の思いを聞いてもらえたと涙しました。

まもなくして、親権が戻り、子どもは返ってきました。母親のもとに、この子が、戻ってくるまでに、数年が経過していました。小学4年生だった子供は、中学を卒業した年齢になっていました。

後日談ですが、彼は、以下のことを語っていました。

・児相にいた期間、勉強するテキストも教科書もなかった。

・不安で、おねしょをしたら、薬を飲まされた。

・養護施設で骨折した時、職員から「お前は親から愛されていないんだ。だから、お見舞いにも来ないだろー」と言われた。「俺は、親に捨てられたんだ」と思っていた（事実は、母親に、居場所も骨折の事実も知らされていなかった）。

親元に子どもが帰ってきたときには、別人のようになっていました。それは薬の影響と親への不信でした。帰って来てから、新たな地獄のような日々が続きました。彼は、「こんなことをしたら、俺を見捨てるだろう」と、これでもか、これでもかと悪さをして親を試します。警察に逮捕された人間との交流もあったり、こんなことが成人するまで続いたのです。しかし、母親がどんなに辛くても愛情をかけ続けたことで、成人してから、彼は、気づいていきました。俺は、愛されたいたんだ、と。

母親は、「あのとき、あの調査員に出会っていなかったらと思うと、ぞっとする」と振り返ります。

数年後、納得がいかなかった母親が児童相談所に情報開示請求をしましたが、開示された、その内容に驚いたのです。

何か所も黒塗はされていましたが、いい子であるという記載はあっても、そこに子どもの虐待やネグレクトがあったことを疑わせる記載、どこをどう改善したらいいのかなどに関する記載はなかった。そこにあったのは、一時保護解除後に、親から批判・抗議が来た場合、どう対応するか、親がマスコミに情報提供した場合を想定してのマスコミへの対応、の議論が何度もあった記載でした。そして、その対応策として、子どもから手紙を書かせ、親に「同意書」にサインをさせ、自分に非があったことを認めさせるというものでした。

母親は、今でも、あの一時保護はなんだったのか、わからないままです。家族再統合を標榜する児相によって、家族が壊されたのです。

◆児童相談所で家族再統合の指導はできるのか？

２０１９年１月に千葉県野田市で起こった、小４女児が両親より継続的な虐待を受け死亡した事件（野田小４女児虐待事件）を覚えている方も多いと思います。

野田市小４虐待死事件は、２０１９年１月24日深夜、栗原心愛さんが自宅の浴室で死亡状態で見つかった。食事などをとらせず、冷水をかけるなどして死亡させたとして傷害致死などの罪で起訴された父親の勇一郎被告（43）に一審の千葉地裁判決は懲役16年。母親（33）は傷害幇助罪で懲役２年６か月（保護観察付き執行猶予５年）の有罪判決が確定。父親は東京高裁に控訴したが、一審千葉地裁の裁判員裁判判決を支持、被告の控訴を棄却し、確定しました。

この事件では、児相が関与していました。

女児は２０１７年11月６日に野田市の小学校で行われたアンケートに、「お父さんにぼう力を受けています。夜中に起こされたり、起きているときにけられたり、たたかれたりしていま す。先生、どうにかできませんか。」と自由記入欄に回答していました。そのため、翌日には柏 児童相談所が女児を一時保護していたが、12月27日に一時保護が解除され、女児は父親の親 族宅に預けられました。その後も虐待は、継続していました。

文面は父親が考えたものですが、母親は「お父さんに叩かれたというのは嘘です」「ずっと前 から早く（両親と妹の）４人で暮らしたいと思っていました」「児童相談所の人にはもう会いた くないので、来ないでください。会うと嫌な気分になるので、今日でやめてください」などと する児相宛ての手紙も女児に書かせていました。３月19日に手紙を不審に思った職員が小学校 で女児と面会。女児は手紙が父親の意向で書かされたことを打ち明けた一方、「お父さん、お母 さんに早く会いたい、一緒に暮らしたいと思っていたのは本当のこと」とも述べ、この日を最 後に児相職員が女児を訪れることはありませんでした。

そして、1月22日夜の食事を最後に、24日にかけて女児に十分な食事や睡眠を与えず、浴室 に立たせ続けたり冷水シャワーを掛けたりするなどして女児は死亡に至ったのです。

裁判で分かったことですが、２０１８年４月に児童福祉司が交代した際、「女児が元気でいる ことが一定期間確認できれば、児相として関与を終える」との内容の手紙を児童福祉司が児相 の決定を経ずに父親に送っていたほか、このことは市に伝えられていなかったことが明らかになりました。

この事件での児相の対応について、『家族間殺人』（幻冬舎 阿部恭子 著）に記述があります。阿部恭子氏は、NPO法人World Open Heart（２００８年設立・宮城県仙台市を拠点に全国で犯罪加害者家族を対象とした支援活動を行う団体）の理事長です。日本では数少ない、加害者や加害者家族に寄り添う団体の理事長の言葉です。


勇一郎氏は、児相との面談の一部始終を録音していた。勇一郎氏は担当職員に対し、「問題があれば直していきたい」とたびたび助言を求めているにもかかわらず、一切回答はなく、毎回、その場しのぎの対応をしているとしか受け取れない内容だった。

勇一郎氏や彼の父親は児相と対立しており、一筋縄ではいかない家族であることは理解できるが、この程度の対応に苦慮しているとすれば、多くの虐待親は無罪放免になってしまうだろう。

加害者が最も悪いのは言うまでもない。しかし、裁判を傍聴して、改めて児相の対応にも問題があると言わざるを得ない。（43～44頁）

虐待や性暴力の加害者には少なからず、「認知の歪み」が存在し、自己の価値観において、加害行為を正当化していることが多い。加害者に罪を認識をさせるためには、まず「虐待とは何か」を理解させなくてはならない。たとえば、加害者は「相手に恐怖など与えていない」と弁解するが、被害者との間に圧倒的な力や立場の差が存在することを知らしめるとともに、女性や子供だったらどう感じるかといった対話を繰り返し行う必要があるのだ。（49頁）

勇一郎氏の性格について、証人らが「権威に従順」と評価しており、その特性を理解したうえでアプローチすれば、せめて公判において心愛さんの尊厳を歪める発言を控えさせることはできたはずである。（49～50頁）

「情状鑑定」については、

公判において、勇一郎氏は、虐待に至った背景について言及されることはなかった。（50頁）

加害者に寄り添う立場の人が、多くの虐待親は無罪放免になってしまう可能性があるという児相の問題点を指摘しています。

このケースは、虐待が本当にあったケースですが、児相では虐待の有無をしっかりと判定なり把握し、適切な指導ができていないのです。ですから、逆にないとも判断できないのです。

刑務所では面会できる回数や人物は限定され、受刑生活の大半は作業になる。そのため加害者本人だけでは罪と向き合うのは難しいと言わざるを得ない。（51頁）

事件に至るまでには双方の親との関係にも問題があったことがわかった。（58頁）

虐待に至った背景を把握しようとすれば、親との面談を重ね、さらには、両親の育った環境までも調査しなければ、虐待の有無を判定することも困難なはずです。

この事例では、そのようなことは全く行われていないのです。児童相談所所長の胸三寸で、一時保護されたり、延長されたり、解除されたりしているのです。

どこに子どの成長があるのでしょうか。大人の事情が優先されているのが実情です。

一時保護は、「家族再統合」を目的とする一時的な処置であるとしているが、現実には、関係の修復を確認するためのプログラムなどはなく、さらなる引き離しをしているのです。私は、一時保護を「拉致」と呼ぶことがありますが、それはこういった理由からなのです。

子どもの虐待が世代間連鎖（虐待にあった子どもが親になったとき、自分の子どもを虐待してしまう現象）することはよく知られています。さらに、子どもの虐待が産み出す暴力の連鎖は、「親→子」という垂直的な世代間連鎖だけではなく、社会的な広がりをみせて第三者を巻き込んでしまう水平的な連鎖もあります。

垂直と水平という二つの方向性をもつ虐待の連鎖があるにもかかわらず、児相はこれらのことを加味したヒアリングや調査をした上での事実関係の把握のノウハウ、さらには、家族再統合プログラムを実質上持っていません。

にもかかわらず、児相は家族再統合を推進するといい、相談件数が多いからと職員を増加させると言います。できていないのに、人数だけ増やしても無意味です。終いには、里子に出そうとするのです。

里親・養子縁組については、第４章要望③で詳述します。

第3章　虐待の定義が曖昧な日本

【児童相談所がやりたい放題できる原因】

実際に被害にあったケースからも解るとおり、児童相談所がやりたい放題できる原因は、次のとおりです。

①児童相談所の行なう「虐待判定」というものの、科学的な根拠が示されない。
②判定に当たって、子どもを密室に連れていき、密室の中で行なわれる。
③児童相談所の権限が強いため、法律に書かれた手順やシステムを無視している。
④虐待事実がなかったことが判明しても、引き離した児童相談所の責任は一切問われないシステムになっている。

この無関係な被害者を生む児童相談所の構造的欠陥はこの4点に集約されます。メディアで流される本当にかわいそうな子たちが救われないままなのは、この4つの欠陥があり児童相談所が本来の機能をしていないからです。機能していないだけならまだしも、多くの被害者を生み出しているという事実があります。

児童相談所では、本当に虐待されている子どもたちを救うことができていません。そして、虐待されていない子どもが、悪意の通報や、児童相談所にとって都合のよい判断により、充分な調査もなく一時保護されることで親と引き離され、親は虐待親という冤罪にかけられるのです。虐待を受けていない子たちが一時保護され、逆に児童相談所で虐待を受ける事態となっているのです。では、児童相談所の行う「虐待判定」がどのように曖昧か、児童虐待防止法に記されている「虐待の定義」と厚生労働省が出しているマニュアルをみてみましょう。

【児童虐待の定義】

児童虐待の定義は、2000(平成12)年に公布された「児童虐待の防止等に関わる法律」(以下、児虐法)の第二条に記されました。

(児童虐待の定義)
第二条 この法律において、「児童虐待」とは、保護者(親権を行う者、未成年後見人その他の者で、児童を現に監護するものをいう。以下同じ。)がその監護する児童(十八歳に満たない者をいう。以下同じ。)に対し、次に掲げる行為をすることをいう。
一 児童の身体に外傷が生じ、又は生じるおそれのある暴行を加えること。
二 児童にわいせつな行為をすること又は児童をしてわいせつな行為をさせること。
三 児童の心身の正常な発達を妨げるような著しい減食又は長時間の放置その他の保護者としての監護を著しく怠ること。
四 児童に著しい心理的外傷を与える言動を行うこと。

2004（平成16）年に児虐法の法改正が行われ、児童虐待の定義の以下「三」と「四」の横線部分が追加されました。

三　児童の心身の正常な発達を妨げるような著しい減食又は長時間の放置、保護者以外の同居人による前二号又は次号に掲げる行為と同様の行為の放置その他の保護者としての監護を著しく怠ること。
四　児童に対する著しい暴言又は著しく拒絶的な対応、児童が同居する家庭における配偶者に対する暴力（配偶者（婚姻の届出をしていないが、事実上婚姻関係と同様の事情にある者を含む。）の身体に対する不法な攻撃であって生命又は身体に危害を及ぼすもの及びこれに準ずる心身に有害な影響を及ぼす言動をいう。）その他の児童に著しい心理的外傷を与える言動を行うこと。

その後、2007（平成19）年と2019（令和元）年の法改正では、児童虐待の定義に変更はありません。

【都合よく解釈可能な児童虐待の定義】

この「虐待」の定義を読んで、どう考えるでしょうか？　大半の人は至極まっとうであるとか妥当であると思うに違いないでしょう。しかし、そこにこそ罠が潜んでいることに気づかねばなりません。なぜなら、これらは著しく抽象的であり主観的であり、それがゆえに、いくらでも都合よく解釈可能であるからです。この児童虐待の定義は、見方によって、躾とされる親の行為が虐待に該当することになってしまうのです。

一例として、「一 児童の身体に外傷が生じ、又は生じるおそれのある暴行を加えること」という文言を検討してみましょう。

子どもの暴行が限度を超えれば生死にかかわる重大な問題であることは間違いないし、そのことを問題視するのも大事なことです。

しかし、第2章での事例では、ケガをした子どもを親による暴行として、子どもを一時保護し、虐待親として決めつけ戒めています。「揺さぶられ症候群」と誤診されたケースでは、刑事事件として親や祖父母が逮捕される冤罪事件まであるのです。親や祖父母も親の不注意であっても虐待と決めつけてしまう、最初から虐待として威圧的に親に指導し、親子を引き離すケースはいくつもあります。

この条項に抵触する行為に「親権者によるスポーツの強制指導」も含まれます。子どもを一流のスポーツ選手とするため、親権者がスパルタ教育を行なっている話が、美談仕立てでテレビなどで放映されます。インタビューに答えて子どもが「ケガはしょっちゅう」「つらいけどお父さんに叱られるから頑張ってる」「本当は同級生と普通に遊びたい」などと言っているのを堂々と流していますが、これも法的に「虐待」に該当することになります。しかし、なぜか一時保護されないどころか、賞賛されている現実があります。この法律に定められている虐待の定義が、いかに曖昧であるかがわかるでしょう。

社会の流れから、国民の意識に「体罰」についてクローズアップされはじめましたが、「体罰」についても捉え方は人それぞれです。

「二　児童にわいせつな行為をすること又は児童をしてわいせつな行為をさせること」についても同じです。

親が嫌いな子どもにしてみれば、どこの親でもやっているお風呂に一緒に入ること、体を洗ってもらうことも性的虐待になるでしょう。このようなものもまた定義とは言いません。

思春期にさしかかった女児が、父親への嫌悪感からウソの虐待報告をして一時保護されているケースが意外と多いのです。児童相談所は虐待があったか否かを調査する能力を持たないため、通報を鵜呑みにして、実際は何もしていない父親を性犯罪者として扱うことになります。その後、通報内容はウソであったことを女児が告白しても、なぜか一時保護が解除されず、性的虐待を受けた事例として児童福祉法第28条による家庭裁判所への審判を申し立てられ、施設入所が承認されているケースすらあります。

繰り返しになりますが、「定義」とするなら、それを独断で決められる余地、恣意的に運用される余地は排除されなければなりません。

「三」はいわゆるネグレクトを指しますが、躾のために相手にされていなかったり、子どもがぐずったりねだっているときに相手にしないこともすべて含まれてしまうことになります。親権者に許された、子育てにかかる裁量権をも「虐待」としてしまっているのです。

「四」は精神医学や心理学などにも通じる問題であるから、さらに客観性がなくなります。子どものメンタル的な強さ弱さも考慮されないし、子どもに脅迫的なことを言ったり傷つけたりするようなことを言うのがすべて虐待なら、これまたほとんどの親が虐待として認定されうる話になるでしょう。兄弟を差別的に扱うなどもこの定義の範疇に入るとされていますが、兄弟をまったく同じに扱った親など、私はこれまでただの一人もお目にかかったことがありません。

これが虐待だとする明確な根拠を教えてほしいものです。この世界のどこにそんな根拠があるのでしょうか？

【児童相談所の都合でできる虐待判定】

次に、マニュアル「子ども虐待対応の手引き」（平成25年8月改定版）には児虐法に掲げられている「児童虐待の定義」について、児童虐待防止法よりは、確かに具体的な例を掲げています。

ところが、虐待の判断に当たっての留意点として、「虐待の定義はあくまで子ども側の定義であり、親の意図とは無関係です。その子が嫌いだから、憎いから、意図的にするから、虐待というのではありません。親はいくら一生懸命であっても、その子をかわいいと思っていても、子ども側にとって有害な行為であれば虐待なのです。我々がその行為を親の意図で判断するのではなく、子どもにとって有害かどうかで判断するように視点を変えなければなりません。」（小林美智子、１９９４）という考え方が判断するに当たって有効であると提示しています。

子どもがどこで傷つくか、子どもが自分にとって有害と感じることは、百人百様です。子ども本人にとって有害かどうか、と言ってしまえばほとんどの親が虐待親として認定されてもおかしくありません。

つまり、「虐待」の定義が曖昧すぎて、児童相談所の社会福祉司がどのようにでも解釈できてしまうことが、児童相談所に強力な武器を与えることになっているのです。児童相談所が「虐待である」と判断すれば、それらはすべて虐待に認定されてしまうのです。

それが、現状における児童相談所の公務の実態なのです。

【子どもの割合が世界一低い国となった日本】

虐待判定が曖昧なため、子育てが未熟であるが故の行為や不注意も、児童相談所では「虐待」と判断し、一方的に親と子を引き離し一時保護ができるのです。さらに、核家族化が進んだことで、令和の今、子どもと同居している世帯は国全体の世帯の約2割となり、現実的な子育てとは何かを実体験をもって過ごす国民が減っています。

厚生労働省が出している「児童の有無別、世帯割合の推移」（厚生労働省政策統括官付参事官付世帯統計室「令和元年国民生活起訴調査の概況」２０２０という調査資料）によると、昭和61年には「児童のいる世帯」と「児童のいない世帯」の割合が半々でしたが、年々、「児童のいない世帯」が増えていき、令和元年には「児童のいる世帯」が約2割、「児童のいない世帯」が約8割となり、日本の8割の世帯が子育てと関わりの少ない中で生活していることがわかります。

つまり、子どもを育てることがどういうことがわかっていない国民が増えているのです。児相の職員は子育てを知っているのでしょうか？　児相職員の子育て経験の有無も調査してもらいたいものです。

そして近所つきあいが少なくなった社会構造のなか、親だけの育児には限界があることも社会では常識となってきました。それを、何か問題があれば「虐待」と容易に決めつけることも児童相談所は可能なのです。

【マニュアル任せの根拠のない虐待判定】

多くの被害者から「児童相談所職員は日本語が通じない」という共通する声を耳にします。

法律に関する質問に答えられない職員が多く、わからないのならば「わからない」と答えればいいものを、話をすり替えて質問をかわしたり、黙り込むケースが多いのです。よく官僚言葉とか公務員語などと揶揄される話法です。是か非かという二者択一の質問にも、敢えて「イエス」「ノー」で答えないために数十秒で終わる質疑が何時間もかかることが日常茶飯事になります。

こうした職員のおかしな言動は全国から寄せられる多くの相談者から示し合わせたように語られるといいます。こうなると単純に個々のケースで対応した職員の資質ということだけでは説明がつきません。親からの質問や抗議に対応するためのマニュアルがあり、言質《げんち》を取られないようにするなどマニュアルに従った言動をしていることが考えられます。

児童相談所に配属された公務員たちは、初めて勤務する際にも1か月に満たない簡単な業務研修を受けただけで現場職員として第一線に立つことになります。当然ながら関連する法律の読み方を覚えたり、根本から学んだりするような時間的余裕があるはずもなく、こうした重要な部分の学習は配属された職員個々の自由裁量に任されています。

そのため、実務において判断が必要となる事象については、あらかじめ関連法令を元に作成された判断基準マニュアルが策定されていて、マニュアルにしたがっていれば、法律を理解していなくとも一定の判断が下せるようになっています。しかし、現場において起こる事案がマニュアルどおりに解決できるはずもありません。

これがどういう意味なのかを考えてみてほしいのです。

マニュアルまかせでは総合的な判定などできるはずもなく、本当の虐待事案を見逃す原因にもなっています。また、健全な家庭からありもしない虐待を決めつけて保護してしまう間違いも多々起きてしまうのです。

【アメリカにおける虐待が起こる背景を加味した法システム】

もし、この国が民主主義や基本的人権を尊重すると本気で唱えるのであれば、思想の自由を重んじるとともに、冤罪の可能性を考慮し、どこまでが許容される範囲であって、どこから先が虐待として認定されうるのか、それを判定する基準を児童相談所だけでなく、オープンに議論される場所に持ちだすことは必要不可欠なのです。

ここで一つ、アメリカ合衆国の「子ども虐待防止および処遇法」を紹介しましょう。アメリカ合衆国の「子ども虐待防止および処遇法」は１９７４年に制定されました。その26年後の２

０００（平成12）年に日本では「児童虐待防止法」が制定されています。

ここで紹介するアメリカの「子ども虐待および処遇法」は、幾度も法改正がなされてはいますが、ここでは敢えて１９９６（平成８）年時点のものを紹介します。なぜなら、日本の児童虐待防止法が制定された４年前であること、児童虐待防止法が制定されてから22年経過していますから、比較するには適切ではないかと思ったからです。アメリカ自体にはいろいろ問題があるにせよ、訴訟国であり、多民族国家であり、日本よりも国土が広く人口が多いアメリカとでは、虐待に対する扱い方がどう異なるのかをみてみるのもいいでしょう。

法律は、最初にその法律の目的が掲げられています。

アメリカの「子ども虐待および処遇法」では、「（虐待と養育放棄の被害にあっている）子どもおよびその家族の多くは、充分な保護または処遇を受けていない。」とあり、今は充分でない状態であることを認めた上で「子どもと家族をともに社会的に救済すること」を目的としています。一方、日本の「児童虐待防止法」はすべてにおいて、「措置」という用語で片付けられ、子どもと家族の未来をみない、対処療法的に子どもを保護することを重視した、保護者および家族を悪者にして罰するのみの具体性のない原始的な法のままです。

それでは実際に、日本とアメリカの法をみてみましょう。

最初に、２０２２（令和４）年現在の日本の「児童虐待防止法」の第一条をみてみましょう。

> 児童虐待の防止等に関する法律
> 第一条（目的）
> この法律は、児童虐待が児童の人権を著しく侵害し、その心身の成長及び人格の形成に重大な影響を与えるとともに、我が国における将来の世代の育成にも懸念を及ぼすことにかんがみ、児童に対する虐待の禁止、児童虐待の予防及び早期発見その他の児童虐待の防止に関する国及び地方公共団体の責務、児童虐待を受けた児童の保護及び自立の支援のための措置等を定めることにより、児童虐待の防止等に関する施策を促進し、もって児童の権利利益の擁護に資することを目的とする。

第一条は、この法律の目的です。次に、この第一条に相当する部分である１９９６（平成８）年のアメリカの法をみてみましょう。

> 子ども虐待防止および処遇法
> 第1節　短い表題
> 本法は、「子ども虐待防止および処遇法」として引用することができる。
> 第2節　結論
> 連邦会議は、以下の結論に達した。
> （1）毎年、１００万人近い米国の子どもが、虐待と養育放棄の被害にあっている。

（2）こうした子どもおよびその家族の多くは、充分な保護または処遇を受けていない。
（3）子ども虐待および養育放棄の問題は、以下のような包括的取り組みを必要とする。
（A）ソーシャルサービス、法律、衛生、精神保健、教育、および薬物濫用対策に携わる機関ならびに団体の業務の統合
（B）政府のあらゆる段階における、ならびに民間機関、市民団体、宗教団体、および個人のボランティアとの協調の強化
（C）近隣における虐待および養育放棄の防止、事前評価、調査および処遇の必要性の協調ならびに、
（D）子ども保護責務を実行する、専門知識を備え、適切に訓練された支援担当者の確保、
（E）民族的、文化的多様性に敏感であること。
（4）子どもの虐待および養育放棄を防止し処遇する業務の調整ができず、また包括的に対応できないことによって、多数の子どもの将来が脅かされ、相当な無形の費用と並んで多額の有形の費用を国が負担する結果となっている。
（5）米国社会のあらゆる部分が、この子どもおよび家族の全国的緊急事態に対応する責任を共有している。
（6）子どもの虐待および養育放棄の波及と発生の相当な削減、ならびにその影響の緩和は、国の最優先課題である。
（7）国の政策は、子どもの虐待および養育放棄を防止するため家族を強化し、子どもを家族から不必要に分離することを防ぐ集中的サービス支援を提供し、分離がなされた場合は家族の再統合を促進するものでなければならない。

（8）子ども保護制度は、包括的で、子ども中心で、家族を重視し、地域に根ざしたものであるべきで、子どもの虐待および養育放棄の発生、再発生および心理的回復、子どもの健康、安全、自己尊敬、ならびに尊厳を促進する環境への社会的再統合を促進すべきである。
（9）低所得地域では、利用できる資源が限られているので、子ども保護制度への連邦の補助は、地域の相対的財政の必要度に注意して分配されるべきである。
（10）成功する、包括的な子どもおよび家族保護、戦略を策定し、実施するのに必要な、財政的、人的および技術的資源により、連邦政府は州および地域を援助すべきである。
（11）連邦政府は以下によって、子どもおよび家族保護努力について地域を指導し、援助すべきである。
（A）政府のあらゆる段階で協調的計画を促進する。
（B）サービスの提供のモデル開発を含めて、子どもおよび家族保護に関連する知識を生みだし共有する。
（C）地域を援助する州の能力を高める。
（D）地域計画を実施する州を援助するため、財政資源を割り当てる。
（E）専門家、準専門家、およびボランティアという人的資源の能力を高めることによって、地域が子どもおよび家族保護計画を実施するのを援助する。ならびに
（F）全国の子どもおよび若者の虐待および養育放棄を終わらせるため、指導力を発揮する。

これがアメリカの法律です。読んでみて、みなさんはどのようなことを思われるでしょうか。日本との違いは、まずアメリカは「虐待」と「養育放棄」を分けているという点です。

そして、単に「虐待」「養育放棄」という行為そのものではなく、虐待や養育放棄に及んでしまう、あらゆることを想定した上で、子どもと家族の未来を尊重した社会の在り方までも、目的、目標として掲げているのです。

次に、第一編「(目標を達成するための)一般プログラム」、第二編「地域に根ざす家族資源および支援補助金」と続きます。国土が広く国民が多様である分、曖昧に都合良く解釈できないよう明確さが必要なのでしょうが、子どもへの愛情が加わらなくては、ここまで成り立たないとも感じます。

【アメリカにおける冤罪の可能性を考慮した法システム】

もう一つ、アメリカの法と日本の法との大きな違いは、１９９６(平成8)年の時点で、アメリカは「誤った虐待の報告、誤った保護があり得る」ことを加味した法律に既になっていることです。

「子ども虐待防止および処遇法」第1編、第102節は「子ども虐待および養育放棄諮問評議会」について書かれており、この評議会が「義務」として保健社会福祉長官と連邦議会の関連する委員会に提出する報告書には、次の事柄も含むものとすると、記されています。

子どもを危険に晒す虐待または養育放棄の適正事例を特定し、裏付ける能力を強化する一方、根拠のない、または裏づけを得られない子ども虐待または養育報告数を減らすため、連邦および州の法律およびプログラムにおける必要な具体的修正を行うこと。

これを読んでどう考えるでしょうか。「実際の虐待とは何か、養育放棄とは何かの適正事例を特定すること」を義務としているのです。「特定し、裏付ける能力を強化する」ということを義務づけているということは、専門家でさえも「虐待や養育放棄を特定することが困難」である現実を前提としているということです。だからこそ、法律の条文の中で「裏づけを得られない子どもの虐待または養育報告数」があることを認めているだけでなく、それを「減らす」ことも義務づけています。

さらに第103節の「子どもの虐待情報に関する全国クリアリングハウス」では、子どもの虐待に関するデータシステムに集められるデータは、下記の情報を含んだ上で調整されるとあります。

（ⅰ）虚偽の、根拠を欠く、裏づけのない、および裏づけのある報告に関する標準化されたデータ、ならびに
（ⅱ）子どもの虐待および養育放棄による死亡数に関する情報

さらに第１０４節の「研究、事後評価および援助活動」において、子どもの虐待および養育放棄における何を研究されているかをみていきましょう。

（ａ）研究
（１）主題　長官は、その他の連邦機関、および当該分野で定評のある専門家と協議して、子どもの虐待および養育放棄からの保護を改善すること、ならびに虐待または養育放棄された子どもの福祉を向上させることのために必要な情報を提供すべく考案された、継続的学際的研究プログラムを実施するものとする。当該研究は、少なくとも当該研究の一部は実地調査に基づくものとする。当該研究は、以下に重点を置くことができる。
（Ａ）子どもの虐待および養育放棄の性質および範囲
（Ｂ）子どもの虐待および養育放棄の原因、防止、事前評価、特定、処遇、文化的・社会的経済的差異および影響

(C) 子どもの虐待の事例に関する、適切で、効果的で、文化に敏感な、捜査、行政、および司法上の手続、ならびに

(D) 子どもの虐待および養育放棄の全国発生率。それは以下を含む。

(i) 子どもの虐待発生率の増加または減少について、数および深刻さにおける度合い

(ii) 報告された子どもの虐待の事例のうち、裏づけのあるものとないものの割合

(iii) 子どもの虐待または養育放棄について、司法審査または関連する刑事裁判所への追訴にかけられることとなる、裏づけのある事例の数

(iv) 子どもの虐待または養育放棄に関する裏づけのない、根拠を欠く、および虚偽の報告事例の数によって、州が子どもの深刻な虐待または養育放棄の事例に効果的に対応することを妨げられた度合い

(v) 子どもの虐待が疑われる事例の報告のため法律により義務づけられていり充分な資源の不足、および個人の訓練の不足によって、州が重大な子どもの虐待および養育放棄に効果的に対応できなかった程度

(vi) 子どもが代替的養育下におかれる結果をもたらすこととなった、裏づけのない、虚偽の、または根拠を欠く報告の数、および当該措置の存続期間

(vii) 裏づけを欠く報告の結果、子どもの虐待または養育放棄がさらに深刻化した度合い

(viii) 代替養育下における、身体的、性的、情緒的虐待、ならびに身体的および情緒的放置の発生率および波及度、ならびに

(ix) 離婚、監護またはその他についての家庭裁判所手続の中で、およびこの手続と子ども保護サービス制度との相互関係において報告された虐待の申し立ての発生率および結果

(2) 優先順位

（A）長官は、第（1）項の目的を実施するために、補助金を支出しまたは契約を締結するため、研究の優先順位を確定するものとする。
（B）（A）項で要求されている研究の優先順位を確定するに際し、長官は下記を行うものとする。
（i）連邦官報に市民の意見を求めるため、提案する優先順位を掲載する。および
（ii）提案された優先順位に対する市民の意見を募る機関は、60日を下回らないものとする。

ここで紹介したアメリカの法は、全体のほんの一部ですが、ここまで読んだ上で、日本の「児童虐待防止法」の全文を読んでいただきたいのです。

アメリカの法システムと比較すると、日本がいかに子どもへの愛情が欠けた国であり、「国連子どもの権利委員会」から繰り返し勧告を受けている理由がわかるのではないでしょうか。

このように、アメリカでは日本の「児童虐待防止法」が制定される前から、虐待や養育放棄に関して、虚偽の報告、根拠を欠く報告、裏付けのない報告があることが、法律にはじめから明記され、それらを防ぐようはたらきかけています。人間である以上、誤ることもあり得るため、裏付けを取ることが重要視されているのです。そして、その誤認が、本当に虐待を受けて

いる子どもたちを救うための妨げとなることまでも、法律に明文化されています。
ここまでの法律になるまでには、確かに年数を要したかもしれません。
しかしあのアメリカというと言い方は悪いですが、自国中心主義で傲慢と揶揄されるあの国でも、完璧ではなくても様々な可能性を考慮しながら、対応策も複数に渡っているということです。翻って日本は「虐待」とは何かを曖昧にし、公務員は絶対で親は必ず悪という考えだけで進んでおり、証拠も何も必要ありません。アメリカでさえ「虐待とは、養育放棄とは」について実例をもとに研究を重ねているが故に、裏づけを重要視しています。

しかし、日本の児童虐待防止法では、経験の浅い専門家でもない公務員に虐待の有無の判定をさせ、強い権限を与えて一時保護という対応をさせているにも関わらず、一時保護の誤認があり得ることを、2023(令和5)年現在も法律には一切明文化されていません。

2022年6月8日に国会で可決された「児童福祉法等の一部を改正する法律」において、児童相談所による子どもの一時保護について、始めて司法が関与することになりましたが、厚生労働省からの通告を読む限り、一時保護における児童相談所所長の権限が強いことには変わりありません。読み方によっては、児童相談所は裁判所よりも強く、児童相談所の判断が優位なのではないかとも読みとれる通告なのです。司法の関与が、児相の判断を追認し、お墨付きを与えることになりかねないのです。

第4章　児童相談所改善のための要望書と法改正の動向

【児童虐待を防ぐ政治システムとは】

真面目にここまで読んでいる人は、児童相談所の問題点を理解できたことでしょう。しかし、「それでも、現実にある児童虐待はどうやって防ぐのだ」「行政に頼むしかないのではないか」という依存丸出しの考えや、「対策を出せ」という、わかったふりのクレクレくん（何でも「クレ」としか言わない日本人たち）ぶりを発揮する人が出るかもしれません。

こんなことは勉強すれば誰でもわかるのですが、本として書いているわけですから、最低限のことは示しておきましょう。

とはいえ、これから書くことが日本において実践されることは、絶対にあり得ません。日本の行政や政治家たち、裏で巣食う人々にとって児童相談所の目的は、子どもを拉致し、子どもを苦しめることにあるからです。

もし万が一、法律や民主主義が機能するとすれば、以下の①から⑦のように行うことで政治システムとしてはかなりマシになります。

①管轄官庁についてハッキリさせて、明文化させること
②「親権者の同意に基づかない一時保護」を改めること
③虐待と認定したり、虐待の証拠を出して子ども保護したりしても、親の面会交流権や交通権を保障する
④一時保護中、および施設入所中の子どもに対する薬物投与について
⑤「保護単価」の廃止について
⑥家庭裁判所、弁護士等の、児相からの実質的独立性の保障について
⑦児童相談所の専門性の向上について

【児童相談所改善のための要望書】

児童相談所のシステムの改善のため、私は弁護士やジャーナリストなどの有志４名と、２０１４（平成26）年10月14日に「児童相談所改善のための要望書」を国へ提出しました（全文は、【児童相談所】【要望書】で検索して、そこからダウンロードしてください）。

この要望書には、前記①から⑦の7項目について、いかにシステムに問題があるか更に詳し

く述べています。提出した２０１４（平成26）年以降、児童虐待に関わる法改正が行われてきましたが、根本的なことに政府は手をつけていないのが実情です。

それでも、児童相談所に子どもが拉致され、冤罪を受けた多くの親や家族たちが立ち上がり、良識のある専門家たちとともに活動をし続けることで、ほんの一部のマスコミが動き、国連「子どもの人権委員会」の日本政府への勧告が続くことで、政府も仕方なく動いているのが実情でしょう。

要望① 管轄官庁についてハッキリさせて、明文化させること

これについては、以下の2点を要望しました。

（1）児童相談所の監督・責任官庁を明確にする。

（2）一時保護および施設入所児童の取扱件数を完全公開とする。

私たちはこの問題について、有識者と合同で国に陳情したり問い合わせをしたりすることを、何回も繰り返してきました。しかし、管轄官庁が厚労省なのか、文科省なのか、法務省なのかも、未だにハッキリしません。

つまり、児童相談所は独立的に動くだけで、何かあっても誰も責任も取らなくていいシステムになっています。国家省庁のお目つけ役もおらず、国家省庁が責任を取ることもないのです。これでは、無茶苦茶なことしかしないのは当たり前です。

一応の名目では厚生労働省の管轄となっています。そして、２０２３（令和５）年４月からは「子ども家庭庁」という新しい省庁が立ち、「子ども家庭庁」の管轄になりました。「子ども家庭庁」は、現在の「内閣府の子ども・子育て本部」と「厚生労働省の子ども家庭局」が「子ども家庭庁」に移管し３００人規模の公務員で構成されるといいます。文部科学省は構成要因からは外されたようですが、子どもが幸せに成長していく過程には、教育のあり方がその土台には欠かせないものであることは、誰でもわかることです。

新しく省庁を作ることで何を改善していくのでしょうか。裏で巣食う人々にとっては、子どもを苦しめるシステムが必要なので、どう成り立っていくのでしょうか。私には悪い予感しかしないのですが、自分の利益ばかり考えず、良心をもって真剣に考えてもらいたいものです。

◆「虐待」の真の意味から考える児童相談所の役割

第3章でもお伝えしましたが、そもそも「虐待」とは何かの定義が日本では法律上あいまいです。それ故に、「子どもへの虐待問題」の真の解決には至らないことは当然なのです。定義があいまいであると問題を作ることぐらい、日本の名だたる大学や大学院を卒業している超エリートの官僚が、知らないはずありません。だから、故意としか思えないのです。

アメリカでの法律では、「虐待」と「養育放棄（ネグレクト）」と分けています。こういうと、日本でも「身体的虐待、心理的虐待、性的虐待、養育放棄（ネグレクト）」と分けているではないか、という方もいらっしゃるでしょう。

しかし、名目上分けているにすぎません。虐待と養育放棄は意味がまったく違います。それゆえ、対処、問題解決法が変わります。対処、問題解決法が異なるからこそ、親を罰するに等しい内容だけの日本の「児童虐待防止法」では問題解決にはいたりません。

そして、厚生労働省がマニュアルに示しているのは、「虐待の定義は、あくまで子ども側の定義であり、親の意図とは無関係です。その子が嫌いだから、憎いから、意図的にするから、虐待というのではありません。親はいくら一生懸命であっても、その子をかわいいと思っていても、子ども側にとって有害な行為であれば虐待なのです。我々がその行為を親の意図で判断するのではなく、子どもにとって有害かどうかで判断するように視点を変えなければなりません（小林美智子、１９９４）。」という考え方が判断するに当たって有効であると、言葉の意味を無視した、馬鹿げた解釈を推奨しているのです。

多くの日本人は「虐待」と聴くと、何を連想するでしょうか。最近の報道だけを見ても、「目黒女児虐待事件」（２０１８年）、「横浜４歳男児虐待死」（２０１８年）、「野田小４女児虐待事件」（２０１９年）、「５歳男児餓死事件」（２０２０年）、「大阪３歳男児虐待死事件」（２０２１年）、「岡山６歳女児虐待死事件」（２０２２年）など、残念ながら枚挙にいとまがありません。子どもを道連れにした、心中事件もあります。

「虐」という言葉がもたらす意味は何でしょうか。「虐」という字源は、「虎が爪で人をひっかく情景」を表したもので、「ひどい仕打ちをする」「しいたげる」という意味です。人間には長い長い世界史で体験してきた言葉のイメージが残っているものです。

「虐」には、「虐刑」（むごたらしい刑罰）、「虐殺」（むごたらしい方法で殺す）、「虐使」（残酷にこき使う）、「虐政」（人民を苦しめる政治）、「虐待」（むごく取り扱う）、「虐用」（人を手荒く使う）という用語（引用『上級漢和辞典 漢字源』学研より）が示すように、人間扱いをしない、死に直結する死を連想する言葉です。「虐」という字があることで、ひどい、むごたらしい情景が思い浮かぶ。それが、日本人がもつ「虐待」のイメージであり、むごく取り扱うという意味です。

子育ては、親であれば何の問題なく、難なくできるものではありません。よかれと思っても、善意からでも、愛からでも、有害になりうることは、子どもだった時代がある大人たちは周知のことです。それを、「虐待」であると意味をすり替えているのが、厚生労働省のマニュアルです。

厚生労働省のマニュアルが示す「虐待」の解釈がある限り、児童相談所では、死や殺人を連想するような「虐待」も、「ネグレクト」「養育放棄」「養育怠慢」、「養育不全」、「養育未熟」すべてがひとまとめで「虐待」となっているのです。

長い世界史からも連想する「虐」「虐待」の言葉の意味が、日本人には染み込んでいます。それゆえに、親たちは死や殺人を連想するむごたらしい「虐待」をしたと決めつけられ傷つき、反発するのです。それだけではなく世間の一般市民は、この親は死を連想するむごたらしい「虐待」をしたと思い込み、親たちは非難を浴びるという現実があります。

児童相談所の職員たちは、「そんなことはない。虐待を段階づけている。段階に応じて対応している」という言い分になるでしょう。しかし、いくら段階をつけたとしても、報道からくるイメージも加わり、長い長い世界史がもたらした死や殺人を連想するむごたらしい「虐待」のイメージを、そう簡単には人々から拭い取れるものではありません。心理学の専門家がいるというのなら、そのことがわからないのでしょうか。まあ、わからないのでしょう、その心理学の専門家ほど、どうしようもない輩ばっかりですから。

日本史における世界史における「虐」の意味を鑑み、「虐待」の定義を法律で定めなければ、「虐待」も「養育放棄」「養育怠慢」「ネグレクト」も、「養育不全」も「養育未熟」も分けて定義し、その上で起きている事象が、実際のところ何なのかを、第一にはっきりさせない限り、児童相談所における問題に解決の糸口はみつからないでしょう。今の児童相談所には、すべての事象が押し寄せ、パンク状態になっています。素人である職員たちも「虐待」と聴くだけで、本当は怖いのです。

すべての親は、親になった時点で、みな「養育未熟」です。そこから親たちも子どもとともに育っていくのですから、協力しあう社会の基盤があって、子育ての相談ができ、子どもが相談できる場が本来の児童相談所ではないのでしょうか。

そして、真の意味での「虐待」であるならば、本来ならば法務省、警察庁（内閣府）が緊急事態として一番に関わらなくてはなりません。そして、子どもに起きたことが、事故なのか虐待なのか、法的判断が問われて当然なのです。明らかに刑事事件なのですよ。

最初に対応するのが、児童相談所であってはならないのです。それを、判断能力がない、指導の能力がない、児童相談所に丸投げするから、児童虐待死があとを立たないのは当然の結果とは思いませんか。

法務省、警察庁が動いて保護された子どもたちを、専門家とともに母親や父親のような役割のある職員たちで、あたたかく迎え入れるのが、本来の児童相談所の役割ではないのでしょうか。

ネグレクト、養育放棄、養育怠慢、はどういう定義なのか、養育不全はどういう定義なのか、養育未熟ならどういう定義なのか。それを明らかにせず、素人同然の職員が主観で虐待という烙印を押すから、問題が拡大するのです。虐待冤罪が後を絶たないのです。

子どもを一時保護された保護者たちの多くはこう言います。

「児相職員とは、日本語が通じない！」

児童相談所と親たちとの確執の一因は、言葉の理解の不一致がもたらすものでもあり、児童相談所はどの範囲を扱う機関なのかを、あらためて見直す必要があるのです。

◆問題を拡大させている児童相談所の監督システム

現状、子どもの虐待問題について、厚労省という国の機関が鎮座しています。しかし、児童相談所の業務に関して監督責任はあれど、業務の指示を出したり注意勧告をするような実態はなく、業務自体も特殊なため、言うなれば孤立した部署として運用されているのが実態です。厚生労働省は指導役や監査役でもなく、単なる児童相談所に関するデータ統計を行なっているだけなのです。

このことは児童相談所が何のコントロールもされていないことの一因となっています。このシステムのもとで動いていれば、児童相談所は予算だけ気にしていれば、どのような問題も外部から横やりを入れられたり指示を受けたりすることなく、内部的に処理していけます。このような組織がほかにあるのでしょうか。

児童相談所への指導監督に関する法令をみてみましょう。

社会福祉法第二十条の「指導監督」と地方自治法第二百二十一条「予算の執行に関する長の調査権等」です。「指導監督」については、都道府県知事並びに指定都市及び中核市の長に、実施するよう努めなければならない、「予算の執行に関する長の調査権等」については、地方公共団体の長に調査し必要な措置を講ずべきことを求めることができる、とあります。

また、２０００（平成12）年より、「児童福祉行政指導監査の実施について」（通知）を厚生省児童家庭庁から都道府県知事並びに指定都市及び中核市の長に出しており、児童相談所については、「１ 児童相談所及び地道府県の設置する福祉事務所に対する指導監査については、都道府県の監査委員事務局等監査を担当する部局との協力等の下に、児童福祉行政が適正に執行されるようこの通知の定めるところに準じて実施するようお願いする。」と記されているのみで、児童相談所への具体的な指導監査項目は挙げられていません。

このことからもわかるとおり、児童相談所は設置されている地方自治体の管轄であり、その職務も各自治体で条例として取り決められています。当然ながら児童相談所の監督責任は知事や市長ということになります。しかし、「通知の定めるところに準じて実施するようお願いする」と書いてあるとおり、指導監査は法的に必須ではありません。

要は、「虐待」と「養育できない」ということは別であり、虐待は警察、養育関係は児相とわけるのが、言葉の意味通りになります。

◆犯罪を隠蔽するシステム

そして、なかでも最大の問題は、児童相談所が責任を問われないシステムになっているという点です。警察や検察であっても、逮捕・立件した事件が冤罪の場合、責任の追及は免れません。

しかし児童相談所においては、そのような「心配」は一切ありません。一時的に保護された子どもや、冤罪をかけられて子どもを連れ去られた親に対して、最低限の保障さえ認められないのが現実なのです。

なぜ、このようなことになるのでしょうか？　それは前述のとおり、児童相談所が国の機関である厚生労働省傘下の地方自治体設置組織であることを考えれば理解しやすいでしょう。

全国の児童相談所は表向き各地方自治体が児童福祉法に基づいて設置し運営管理しており、その運営予算も地方自治体の財政から支出されていて独立採算制を思わせる形態となっています。

ところがここに落とし穴が存在しているのです。

それは、地方自治体に属している児童相談所の所掌公務についてその指針を打ち出しているのは所属している地方自治体ではなく、厚労省であることです。たとえば保護児童にかかる必要経費を厚労省が一部負担していたりし、まったく関与していないわけではないですが、表向きは厚労省は地方自治体に属する児童相談所へのあらゆる介入を行なわないとしています。

つまり、児童相談所の公務に対する責任所在は曖昧になっています。こうして地方自治体の中でも治外法権的に運用されているのが児童相談所であって、特殊な業務形態も相まって所掌公務に関しては、ほぼお任せ状態なのです。

これがどういうことかといえば、児童相談所の所長が決めることに地方自治体で文句を言える者がいないということです。

いざ責任問題が発生しても、その責任はいろいろなポストに転嫁され、厚労省も地方自治体も責任を取りません。こうしたいい加減なシステムの維持に裁判所までもが荷担しているため、問題が起きていても正しくジャッジされません。そして、その被害は国民が被っているのです。

責任を取らない、責任を負わない、そんな児童相談所が責任ある公務を遂行できるはずがありません。

国という権威を盾に、虐待の定義の曖昧さを利用し、法律を隠れ蓑にしながら、自らの犯罪を完璧に隠蔽するシステムを、児童相談所は成立させています。

こんなシステムに本当の児童虐待を防ぐことなど可能でしょうか？　到底不可能なのです。

◆児童相談所の監督・責任官庁の動向

そのような野放し状態の児童相談所について、２０１６（平成28）年3月、「児童相談所の業務の質の評価」について、「新たな子ども家庭福祉のあり方関する専門委員会」報告書が提出され、児童相談所の状況を的確に評価できる機関による第三者評価制度が必要との指摘がようやくなされました。

同年5月に児童福祉法改正（同年5月交付）が行われ、改正法附則第2条第3項において「政府は、この法律の施行後2年以内に、児童相談所の業務の在り方、要保護児童の通告の在り方、児童及び妊産婦の福祉に関する業務に従事する者の資質の向上を図るための方策について検討を加え、その結果に基づいて必要な措置を講ずることとする。」（施行は2017（平成29）年4月1日）と規定され、児童相談所における自己評価及び第三者評価を行う仕組みの創設に迅速に取り組むこととなりました。

そして、2020（令和2）年4月1日施行の児童福祉法の改正により、第十二条の児童相談所に関する項目に下記の六項、七項が新設されました。

第六項「都道府県知事は、第二項に規定する業務の質の評価を行うことその他の必要な措置を講ずることにより、当該業務の質の向上に努めなければならない」。
第七項「国は、前項の措置を援助するために、児童相談所の業務の質の適切な評価の実施に資するための措置を講ずるように努めなければならない。」

その結果、全国の児童相談所で第三者評価が行われるようになりましたが、三菱ＵＦＪリサーチ＆コンサルティングによると、２０２１（令和３）年４月１日現在、全国１３５か所ある児童相談所一時保護所のうち、２０２０（令和２）年中に第三者評価を実施したのは回答のあった１１２か所中51か所（45．５％）で約半数。児童相談所自体への第三者評価は、全国２２５か所ある児童相談所のうち、回答があった１７２か所のうち８か所（４．７％）であったといいます。

（西南学院大学　人間科学論集第１７巻第２号　35－59頁　２０２２年２月　「子どもの権利保障としての児童相談所の第三者評価」安倍計彦　より）

令和にはじまった初回の第三者評価は、それを受け付けない児童相談所が多い、それも９割以上という異常さ。これは、それだけ児童相談所がやりたい放題してきた結果ともいえるのではないでしょうか。

尚、第三者評価は「監査」ではなく、「監査」より弱いシステムです。また、第三者評価が行われた割合が低いことから、義務化にする動きがあったようですが、令和４年の法改正には至らなかったようです。

◆一時保護および施設入所児童の取扱件数が完全公開されていない

管轄官庁がはっきりとしない児童相談所の実体の表れなのか、なぜ厚生労働省は取扱件数を完全公開とせず、児童虐待相談件数をメディアを介し公表するのでしょうか。

厚生労働省が虐待認定件数を公開していないため、ネットで虐待認定件数を検索していくと、2つの調査がヒットしました。

ひとつは、総務省による報告書です。そこには、厚生労働省が毎年作成している「福祉行政報告例」に基づいて総務省が作成した、「児童相談所が受け付けた通告・相談等の推移」「児童相談所が一時保護した児童数の推移」そして「(平成30年度の) 要因別人数」が記されていました。なお、厚生労働省による「福祉行政報告例」は厚生労働省のホームページに概要のみが報告されており、そこには相談件数のみ紹介されています。つまり、総務省が作成した表は、厚生労働省の内部資料を基に作られたことがわかります。

「児童相談所が一時保護した児童数の推移」を見て、読者のみなさんは虐待が増えていると思われるでしょう。しかし、第1章で話したとおり、虐待が増えている理由は、今まで虐待とはみなしていなかった保護者による行為を、虐待として定義づけたから、通告・相談件数が増えただけです。分母が増え、一時保護する理由が増えただけにすぎません。

図 1-⑤ 児童相談所が一時保護した児童数の推移

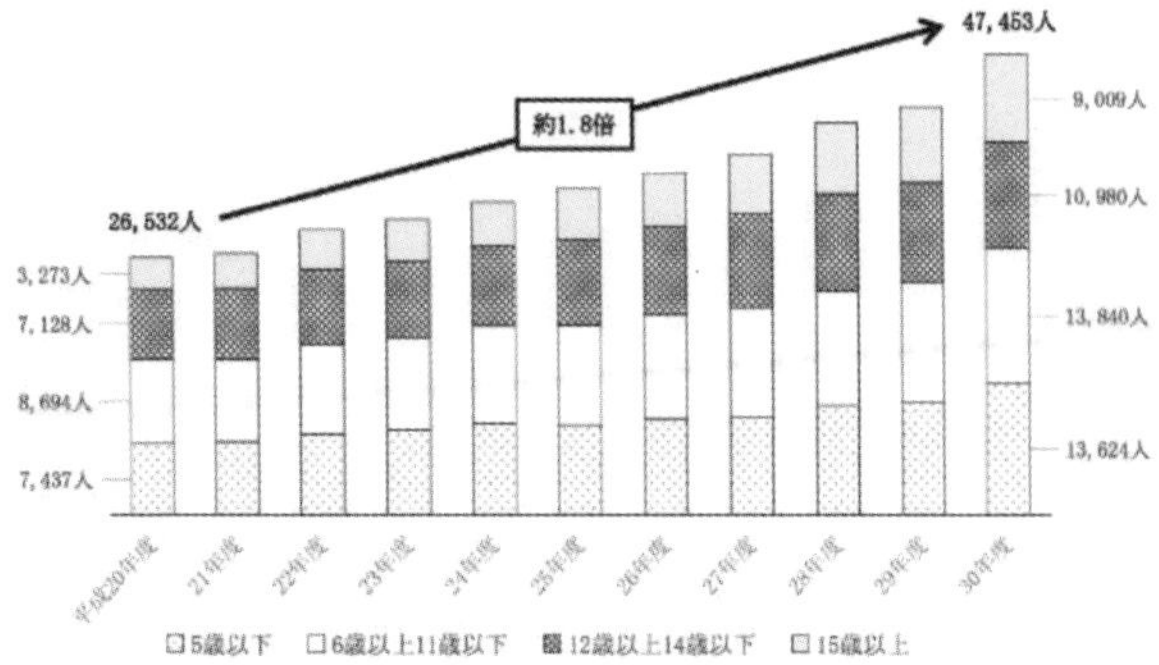

（注）厚生労働省「福祉行政報告例」に基づき、当省が作成した。

図 1-⑥ 一時保護の要因別人数（平成 30 年度）

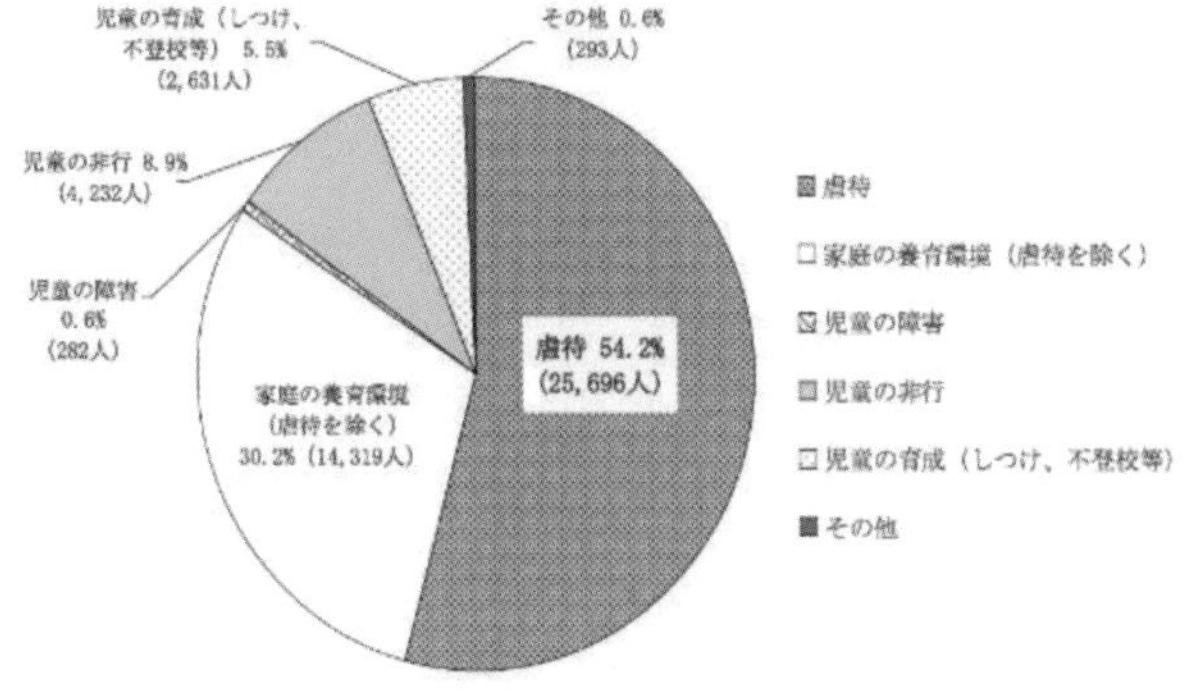

（注）厚生労働省「福祉行政報告例」に基づき、当省が作成した。

図1-④　児童相談所が受け付けた通告・相談等の推移

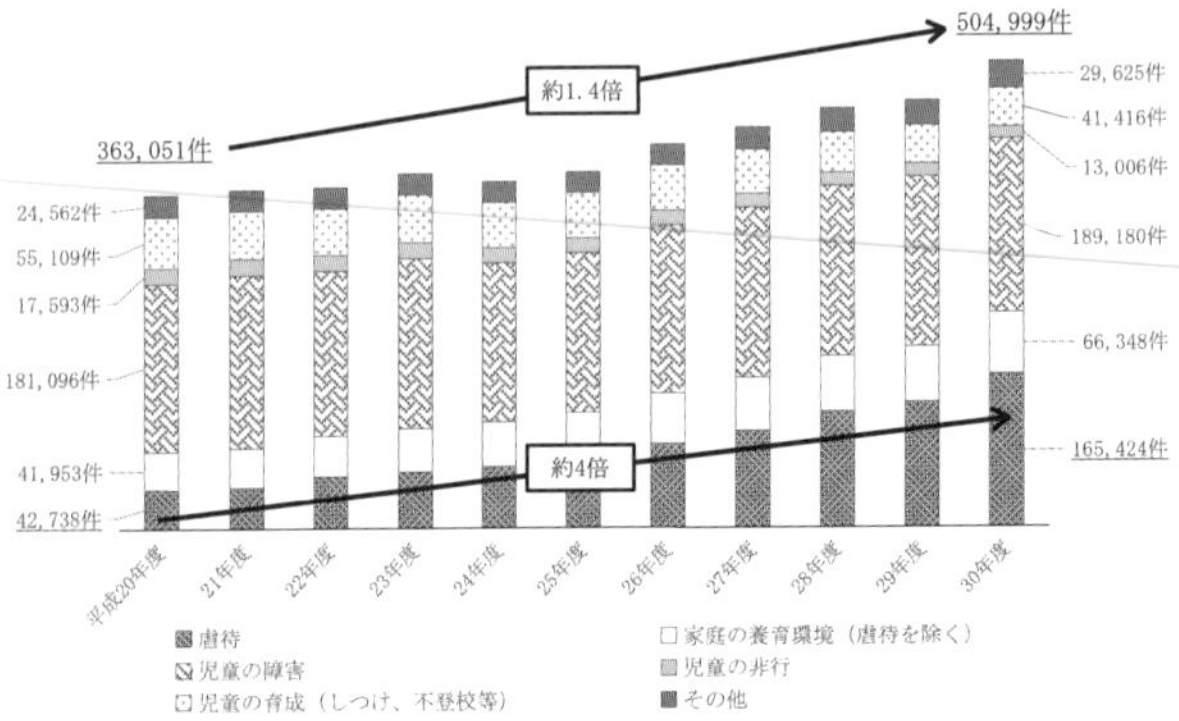

（注）厚生労働省「福祉行政報告例」に基づき、当省が作成した。

もうひとつは、全国児童相談所長会が発行する報告書「児童相談所の実態に関する調査」です。

その報告書には「全国の児童相談所における児童相談件数についての実態調査は、これまで昭和63年（1988年）、平成8年（1996年）、平成20年（2008年）、平成25年（2013年）の計5回実施されており、平成30年は、全国211（11支所も含む）の児童相談所における虐待通告事例について調査、分析を行った。」と記されています。

つまり、実態調査は毎年行われていません。また、ここに記されていた「虐待認定件数」は平成30年の一定期間（18日間）のみの件数で、通告・通報件数が多いため、実態調査を設けることが困難であることが述べられていました。

要望② 「親権者の同意に基づかない一時保護」を改めること

これについては、以下の2点を要望しました。

（1）一時保護の事前・事後審査について、裁判所が発行する令状によって行なうものとする。

（2）令状取得の手続きは、現行犯逮捕・緊急逮捕と同様にする（裁判所による事前の証拠精査を必要とする）。とりわけ、学校からの通報によって「一時保護」を行なおうとする場合、第54期最終見解第62段落に表明されている通り、学校がその期待に沿わない児童生徒を排除するため児童送致する目的で通報することがあるので、人権擁護のため、裁判所による慎重な検討が絶対に不可欠である。

ここまで読んだ方にはお分かりのように、児童相談所の問題の一つは、証拠が何もなくても、主観だけで虐待かどうかを決められることです。要するに捜査令状も証拠もなく殺人犯の犯人だと決めつけられたらヤバくないですか？ と言っているだけです。さらに、職員が皆、児童心理や医学についてド素人であることです。

児童相談所が専門集団を名乗るのであれば、要望①でも述べたとおり、公開の場でも耐えうるレベルで、何がどう虐待であるのかを証明しなければいけません。それが全くないから、捏造ばかりになり、本当に虐待している親たちを追及しないのです。

実際に虐待されている子どもに対して、「親が同意するわけがない」とか、「時間がかかる」という理屈は、わからないでもありません。

しかし、今や多くの虐待認定が捏造や児童相談所の妄想にすぎず、逆に本当に虐待されている子どもに対しては保護をしないという問題を考えないといけません。児童死亡数が減らず、ニュースになる虐待死亡例で児童相談所が介入していないのは、今のシステムならあってもなくても同じことです。そのことが改善されていない（できていない）児童相談所は、子どもを助けようとしない組織なのです。児童相談所がからんでいて、虐待死に至ったケースが後をたたないのもその証左です。

これについては、警察や殺人事件などと比較するとわかりやすいでしょう。

警察が絡む殺人事件などにおいては、さまざまな証拠をもとに犯罪者を突き止めて、逮捕に結びつけていきます。逆に疑わしきは罰せずで、証拠がなければなかなか有罪にはなりません。

◆一時保護された子どもたちの行く末

では、専門家でない職員が多い児童相談所に一時保護された子どもたちはどうなるのでしょうか？

児童相談所によって一時保護された子どもは、まず「一時保護所」に収容されます。これは基本的に保護処分決定を受ける前に一時的に収容しておく施設で、児童相談所の敷地内に設置されており、児相職員によって運営されていることが多いです。委託の用務員が雇われ、子どもの世話をしています。ここは収容人数が非常に少ないため、一時保護の人数が多くなれば収容できなくなり、名目上は「一時保護」であっても、外部の養護施設に収容されている場合もあります。

一時保護の段階での予算消化と、保護措置決定された場合の予算消化に違いが生じているため、一日も早く一時保護を解消させたくて、児相職員により親権者へ「虐待を認めさせる」恫喝や追い込みが行なわれています。児福法27条の同意が得られれば、即「保護措置」に切り替えられるのです。

◆一時保護の「事後審査」のみ司法介入が法制化された

2022（令和4）年6月8日の国会で可決・成立した「児童福祉法等の一部を改正する法

律」にて、一時保護への司法介入が法制化されました。これは同年6月15日に公布され、一時保護への司法介入について施行されるのは２０２４（令和6）年4月1日からになります。

司法介入が導入されることは、児童相談所の強権による一時保護を改善する第一歩となりますが、この度法制化される司法介入は一時保護後の「事後審査」のみで、「事前審査」には裁判所は関与しません。

すなわち、刑事事件のように令状取得の手続きは、現行犯逮捕・緊急逮捕と同様に、裁判所による事前の証拠精査を必要となっていません。

児童相談所の強権は改善されないままの法改正なのです。

このことに対し、メディアは「一時保護の司法介入の法制化」のみに注目し、事前審査のない片手落ちの結果には、触れていません。

以下に、厚生労働省による通達の一時保護に関する部分（令和4年6月15日に厚生労働省子ども家庭局庁が、都道府県知事、市町村長などに出した「「児童福祉法等の一部を改正する法律」の公布について（通知）」の5～6ページを記しておきます。

5　一時保護に関する事項

（一）　一時保護開始時の要件及び手続の整備に関する事項

（1）児童相談所長は、児童虐待のおそれがあるとき、少年法第6条の6第1項の規定により事件の送致を受けたときその他の内閣府令で定める場合であって、必要があると認めるときは、児童の一時保護を行い、又は適当な者に委託して、当該一時保護を行わせることができるものとした（第33条第1項関係）

（2）都道府県知事は、（1）の場合であって、必要があると認めるときは、児童相談所長をして、児童の一時保護を行わせ、又は適当な者に一時保護を行うことを委託させることができるものとした（第33条2項関係）

（3）児童相談所長又は都道府県知事は、（1）又は（2）による一時保護を行うときは、次に掲げる場合を除き、一時保護の必要があると認められる資料を添えて、これらの者の所属する官公署の所在地を管轄する地方裁判所、家庭裁判所又は簡易裁判所の裁判官に（4）の一時保護を開始する前にあらかじめ一時保護を請求することを妨げないものとした。（第33条第3項関係）

イ　当該一時保護を行うことについて当該児童の親権を行う者又は未成年後見人の同意がある場合

ロ　当該児童に親権を行う者又は未成年後見人がない場合
ハ　当該一時保護をその開始した日から起算して7日以内に解除した場合

（4）裁判官は、（3）の請求（以下この（一）において「一時保護の請求」という。）のあった児童について、（1）の場合に該当すると認めるときは、一時保護状を発するものとした。ただし、明らかに一時保護の必要がないと認めるときは、この限りではないものとした。（第33条第4項関係）

（5）（4）の一時保護状には、一時保護を行う児童の氏名、一時保護の理由、発付の年月日、裁判所ならびに有効期間及び有効期間経過後は一時保護を開始することができずにこれを返還しなければならない旨（（3）の後段に該当する場合に限る。）を記載し、裁判官がこれに記名押印しなければならないものとした。（第33条第6項関連）

（6）一時保護状の請求についての裁判は、判事補が単独ですることができるものとした。（第33条第6項関係）

（7）児童相談所長または都道府県知事は、裁判官が一時保護状の請求を却下する裁判をしたときは、速やかに一時保護を解除しなければならないものとした。ただし、一時保護を行わなければ児童の生命又は心身に重大な危害が生じると見込まれるときは、児童相談所又は都道府県知事は、当該裁判があった日の翌日から起算して3日以内に限り、（1）の場合に該当し、かつ、一時保護の必要があると認められる資料保及び一時保護を行わなければ児童の生命又は心身に重大な危害が生じると認められる資料を添えて、簡易裁判所の裁判官がした裁判に対しては管轄地方裁判所に、その他の裁判官がした裁判に対してはその裁判官が所属する裁判所に裁判の取り消しを請求できるものとした（第33条第7項関係）

（8）（7）のただし書の請求を受けた地方裁判所又は家庭裁判所は、合議体で決定をしなければならないものとした。（第33条第8項関係）

（9）児童相談所又は都道府県知事は、（7）のただし書による請求をするときは、一時保護状の請求についての裁判が確定するまでの間、引き続き一時保護を行うことができるものとした。（第33条第9項関係）

（10）（7）のただし書による請求を受けた裁判所は、当該請求がその規定に違反したとき、又は請求が理由のないときは、決定で請求を棄却しなければならないものとした。（第33条第10項関係）

（11）（7）のただし書による請求を受けた裁判所は、当該請求が理由のあるときは、決定で裁判を取り消し、自ら一時保護状を発しなければならないものとした。（第33条第11項関係）

要望③　虐待と認定したり、虐待の証拠を出して子どもを保護したりしても、親の面会交流権や交通権を保障すること

これについては、以下の2点を要望しました。

（1）一時保護中の子どもの、親権者または親権者代理人弁護士に対しての面会、文通、電話等での交通権を保障する。

（2）1から2か月間も特段の事情がなく「面会通信の全部制限」するのは、児相による虐待を疑う。疎明責任は児童相談所にある。

児童相談所の建前（絶対に守りませんが）は児童虐待の防止だけでなく、親と子どもが一緒に暮らしていけることをサポートすることです。専門用語ではこれを「家族再統合」と言います。

この家族再統合を阻害するものの筆頭が、面会交流権を取り上げることです。殺人事件の容疑者であっても、家族とは面会できます。殺人事件の犯人と裁判で確定したとしても、刑務所に会いに行くことは可能です。児童相談所は、これらの権限も事実上、すべて取り上げています。これこそ、人権侵害の最たるものでしょう。

なぜ、このようなことが起きるのでしょうか。

それは、児童相談所の職員は専門家でないため、本当に子どもや親にとっての幸せが何かがわからないのです。親子にはさまざまなケースがあります。たとえ本当に虐待していたとしても、ケースにあわせ、どのように面会するのが本当に最適なのかがわからないのです。

家族再統合のために、虐待のあった親子を一時的に離すことが必要な療法になることはあります。しかし、何かと理由をつけて、面会交流権、交通権を阻害し、面会させたとしても1週間に1回とか、1日に1時間だけとかでは、家族再統合が図れるはずもありません。

◆恐怖心を植え付けられ、言いなりにさせられる親

児童虐待防止法第十一条に、虐待をした保護者は、児童虐待再発防止のため、医学的心理学的に基づいた指導を受けなければならないと、述べられています。

法律に定められているため、児童相談所の職員は指導をしなければなりません。

しかし、身に覚えのない理由によって児童相談所にわが子を連れ去られた親たちから聴く児童相談所での指導は、信じられないほどひどいものです。

たとえ虐待したとしていても、罪人扱いのような指導では、親は改善していきません。児童

福祉、児童心理、親の心理など、心理学をまともに学び経験を積んでいれば、わかるはずです。

まず、親たちは信じられない事実に恐怖心を植え付けられます。どんなにありのままの事実を説明しても一切聞き入れてもらえず、頭ごなしに「虐待親」と決めつけられます。児童相談所職員によってでっち上げられた虐待を認めなければ、わが子との面会や手紙なども許してはもらえません。この時点でほとんどの親は絶望感に支配され、わが子に会うためだけに、やってもいない虐待を認めることになってしまいます。

もちろん、虐待を認めたからといって子どもがすぐに戻ってくるわけではありません。虐待を認めた親に待っているのは、「虐待親」に対する改善プログラムであり、そこでは徹底的に虐待親として扱われることになります。虐待の加害者としてカウンセリングを受けさせられたり、場合によっては職員から「精神異常」を指摘され、精神科医による診察を受けさせられます。

職員からの指示には絶対に逆らえず、質問も許されないほど一方的な押し付け教育が強制されます。逆らえば、「反省がない」となじられ、プログラムの段階を進めてもらえなくなります。すなわち、わが子を取り戻すまでの期間を引き延ばされてしまうのです。

職員の顔色をうかがい、機嫌を損ねないように必死に演技を続けている被害者が今も全国に多数存在しています。
児童福祉、子育て、人間の行動心理などの専門家でない児童相談所の職員は、指導ではなく命令しかできないのでしょう。

こうした職員のいじめにも匹敵する恐布指導に何年も耐え、やっとの思いでわが子を家庭に取り戻せても、児童相談所が引き続き家庭生活にまで介入することを承諾させられ、「誓約書」として署名押印させられることになります。児童相談所の影に怯え、わが子を叱ることさえできない親がたくさんいるのです。
親から引き離され、まともな躾や教育を施されないまま何年も施設で暮らした結果、子どもの多くは、親の言うことなどまったく聞く耳を持たないわがままに変貌してしまっているのです。勉強もしないし、挨拶もしない。食事も好き嫌いが増え、手伝いもしない。

それでも児童相談所から精神的な恐怖を植え付けられてしまった親は、わが子を叱ることも、躾けることもできなし、いつも子どもの顔色をうかがいながら、どんなわがままも受け入れるようになってしまいます。これが「児童福祉の専門機関」と呼ばれている児童相談所が施す「家族再統合」の実態なのです。

一方、アメリカの大学で心理学を学んだ人によると、アメリカでは、はじめに生まれてから今までの自分のことについて、カウンセリングや心理学的なグループセッション、心の傷と体の関係性を観るセミナーなどを受け、自分の今までの親子関係、人間関係、人間性などを主観的・客観的に観ていったうえで、心理学・人間学などを学んでいきます。そうして、専門家になった人たちがファミリーカウンセリング、バーストラウマ、トラウマのセラピーなどを行い、人間性を回復するサポートをしています。

しかし、日本の大学の心理学部では、そうした実地に即した取り組みは充分なされていないそうです。「家族再統合」とは何か、本当にわかっている職員が児童相談所に、どのくらいいるのでしょうか。

◆戦後、家族再統合を拒絶した児童相談所と児童養護施設

何の問題でもそうですが、そこには歴史的な背景が関連するものです。そもそも日本の児童相談所と児童養護施設がどのような背景のもと成立したのかをみてみましょう。

唐突ですが、あなたは孤児についてどのようなイメージをもっているでしょうか。

第二次世界大戦では、日本国土が戦場となり多くの日本国民が犠牲となり死んでいきました。

親子ともども生き残れた家族は、親子で助け合い戦後復興に励んだことでしょう。

この戦争で親を亡くした孤児たちは日本にはたくさんいました。

そんな70年以上も前の話を持ち込んで、どうしたいのだと思う人もいるかもしれません。しかし、児童相談所の問題を解決していくには、そこまで遡らなければなりません。いや、もっと以前から遡らなければならないかもしれません。

人間という生き物は、食べ物がなくなると飢餓に陥ります。充分な食べ物が栄養として体や心に行き渡らなくなると、肉体的にも精神的にも自分を保てなくなり、多くの人が無慈悲になっていきます。それが人間のもつ弱さでもあります。

その人間の弱さを克服するために、インドの行者や修行僧たちは、所有欲を絶ち、食べ物を最小限に絶ち、過酷な環境下で、生死をさまよいながらも自分自身を保つという修行をしていきます。日本の現代でも過酷な修行があります。修験道はそのひとつでありますが、そのなかでも最も過酷な修行といわれているものが、千日回峰行です。

千日回峰行では、毎年5月3日から9月の初旬まで、毎日48キロの参道を16時間かけて歩き、年間120数日をめどに、9年がかりで1000日を歩く修行です。毎日同じ道を上ったり下ったりする間には雨の日も雪の日もあります。猛烈な台風が来た時も崖崩れに遭った時もある。熊、イノシシ、いろんなものがいつ襲ってくるかも分りません。これを、見事1000日やり遂げた修験者は阿闍梨とよばれます。現代、日本には阿闍梨とよばれる僧は2人だけです。

なぜ、阿闍梨の話をここに持ち込んだのかですが、それは人間はそれくらい弱い生き物であり、未熟であるが故に、このような修行を古来から人間はしてきているという事実を知る必要があるからです。それは、少ない食料でも、自分自身を保てる精神力、肉体力を培うという修行でもあります。そのことを知った上で、自分自身をも客観的に見てほしいからです。

そして、児童相談所の問題も、元をたどれば人間の飢餓により、子どもをないがしろにする仕組が出来上がったという、人間の弱さが根底にあるからです。

いくら慈悲深い人と言われていた人でも、食べ物がなくなり栄養が足りなくなると、人というのは豹変します。

第二次世界大戦により、日本には戦争孤児、浮浪児になった子どもたちがたくさんいました。昭和23年には戦争孤児は12万人いたとされ、その孤児たち、浮浪児たちは、日本では慈悲、愛情を向けられる対象にはならなかったといいます。

「手を差し伸べるわけでもなく、店の店主たちは泥棒としてみなして追い払い、警察たちは一斉検挙をして孤児院へ送り込み、職員たちは暴力によって封じ込めようとした。少年は孤児院での生活に耐えきれなくなって、裸同然の姿で脱走をして焼け野原に戻ったが、数か月のうちにまた警察につかまって孤児院へ放り込まれた。」(『浮浪児　1945―戦争が生んだ子供たち』新潮社　石井光太著)

これは、日本人のほとんどが飢餓になり、無慈悲な状態に陥ったということでもあります。自分が食べて生き残るためには、孤児などかまっていられなかった、むしろ、邪魔な存在だったわけです。飢えにより、子どもを捨てた、子どもを施設に押し付けた親たちも多くいました。

昭和21年に戦争孤児、浮浪児を人身拘束し収容する児童相談所の前身となる施設が、一時保護所18か所、児童鑑別所7か所が全国7大都道府県に設立されました。さらに、認可を受けた私立の施設も、国から子ども一人当たりの単位で委託費が支給されたといいます。

このような孤児、浮浪児たちを封じ込めるための施設として始まったのが日本の児童相談所です。形式的には政府が作ったものですが、政府だけで作られたものではありません。

孤児を疎ましく思う多くの日本人たちが求め作られたものでもあるのです。国民の思いの総意が間接的に作ったものでもあるのです。なかには、本当に孤児を愛し育てた人もいたでしょう。しかし、数は非常に少なかったことでしょう。もし多かったとしたら、孤児たちを暴力で封じこめる児童相談所にはならなかったはずです。そのことも私たち日本人はしっかりと受け止めなければなりません。

そして、昭和22年に児童福祉法が制定されました。

「児童福祉法が定められ、児相ができて、困った子どもたちの指導や処置をすることになったが、一番のねらいは浮浪少年たちを施設に収容することであった。マスコミはそれを浮浪児狩りと言った。そのことばでわかるように、浮浪児の収容は、占領軍の命令と治安維持が目的で行われたもので、児童福祉法の表面でうたっている法本来の大精神とは程遠いものであった。」と、当時の厚生省児童局長が、はっきりと述べていたと記録に残っています。

これを読むとアメリカの意図が垣間見えるので、ＧＨＱを加害者と読む人もいるでしょうが、日本人こそがＧＨＱを利用した側面もあるのではないでしょうか。ＧＨＱを悪者にして被害者のままでいれば、何もしなくてもいいのです。いつまでもアメリカのせいだと被害者のままでいたいのでしょうか。事実を見なくては、進歩はありません。

児童相談所の設立時、児童福祉法第15条には次のように書かれていました。

「都道府県は、児童相談所を設立しなければならない。児童相談所は、児童の福祉増進について相談に応じ、必要があるときは、児童の資質の鑑別を行うことを目的とする」。

さらには、児童相談所が設立された目的を厚生労働省は次のように述べたといいます。

「児童福祉法による児童相談所制度は、戦後の児童の緊急援護として棄児、迷児、家出児等の浮浪児の一時保護から発足し、保護者を失った児童、保護者のもとでは適正に育成することが困難と思われる精神薄弱児、非行児等を各種別の児童福祉施設に収容、措置し、また何らかの問題をもつ児童を正しく理解するために専門的な診断を行い、その後に適切な処置をとり、治療することを目的とした。」


このように保護された子どもたちを問題児として扱うことがスタートであったのが、児童相談所だったのです。

この創設されたばかりの児童相談所には、昭和24年、国連よりカナダ人のソーシャルワーカーで合衆国の大学から社会事業で修士学位を取得したキャロルという名の専門家が派遣されて指導を行いました。

キャロルの児童相談所への指摘は、次のようであったと記録されています。

「児童福祉司は、支援が必要な子どもがみつかっても、一つの解決法しか考えない。それは…施設に入所させることであり、形式的な理由だけで、ただ単に児童相談所に子どもを通過させている」

「現在の児童相談所はあまりにも粗末で、子どもを援助するために必要な、最低限の研究調査さえできず、その先のシステム的な基本的なリサーチなど出来ない状態である」

「1950年5月、116名が一時保護された…中53名は、保護責任がある親か、保護者がいた…。理解に苦しむのは、なぜこの子供たちがもっと早くその親や保護者の元へ帰さないのかということである。…家族と分離することは最終の手段であり、家族が彼らのやり方をどうしても変えられない、または、重度のネグレクトや虐待が続いている場合だけである。」

「子供が施設入所した後、家族に対して何のフォローアップのサービスも行われていない」

さらにキャロルは、児童福祉法第47条の収容児童の「親権代行権」を施設長に与える規定は妥当でないとして、その条項の削除を要求しました。

しかし、全国児童養護施設協議会は、キャロルの要求を「非児童福祉的、非人道的」な態度であるなどとして、「親権代行権は取り上げるべきではない」と主張しました。占領下の日本であるから、ＧＨＱとも関連のある国連から派遣されたキャロルの指摘には絶大な力があったにもかかわらず、反対したのです。そして、「親権代行権」を施設長らに与えられる第47条が成立しました。

「親権代行権」が施設長らに与えられることは、キャロルが指摘するように、保護した子どもや親へ指導し親の元へ返すことよりも、保護した子どもたちを施設に入所させる期間を延ばすことにもつながるのです。

児童養護施設はじめ児童関連施設は、私立施設が大半でした。児童相談所が一時保護し収容する施設は、国の認可を受けていればわずかながら補助金が支給されていました。国から子ども一人当たりの単位で委託費が支給されていたのです。

戦後の飢餓であった施設の職員たちにすれば、国からの委託費は喉から手が出るほど欲しいものだったのでしょう。実際、大人の職員は、収容された子どもに与えられる食料をすべて与えず、あるいは暴力で奪い取ったといいます。

児童相談所が設立されたときから、家族再統合の指導をして子どもを親元に返すことよりも、子どもを一時保護し、親から分離させ、児童養護施設に入所させることが重要視された背景がうかがえます。

　そして、昭和28年以降、委託費は定額の国庫負担金となり、さらに昭和30年以降は「現員現給による限度設定方式」に変わり、「保護単価を設定」することとされました。これにより、児童を収容することについての予算面の限界がなくなり、拘束した児童数に見合って予算が国庫からおりるようになったのです。

　こうして、児童相談所が保護した子どもたちを、児童養護施設に入所させればさせるほど、児童養護施設は安定した収入が得られるというシステムができあがりました。


　しかし、日本の高度成長に伴い、家庭収入の向上と子どもの生活環境が改善していくことで、浮浪児たちも減少し、親が施設に子どもを預けることも減っていくことで、昭和50年代には児童養護施設に入所する子どもが減っていきました。これは、児童養護施設への国からの収入が減っていくことにつながっていきます。

　また、社会福祉法人が運営する児童養護施設は、児童相談所の所長や厚生省をはじめとした福祉関係職員の定年後の天下り先となっています。児童養護施設が次々に閉鎖すれば、天下り先がなくなっていきます。

　児童相談所が、子どもたちを一時保護しなければ、児童養護施設も厚生省も困るわけです。

そして、昭和56年、厚生省は『児童相談事例集』第13集の全頁において「児童虐待」を特集しました。従来は、登校拒否、障碍児、非行等の問題を毎号扱っていたにもかかわらずです。

しかし、昭和56年当時、専門家や研究者、マスメディアは「児童虐待」には注目しておらず、むしろ「合衆国や西洋で理解されている児童虐待やネグレクトは、日本においては深刻な問題を構成していない」と唱える学者もいました。

さらに、厚生省の外郭団体は「昭和58年度・全国児童相談所における児童虐待調査」を児童相談所職員に対し実施、平成元年には全国児童相談所長会は「子どもの人権侵害例の調査及び子どもの人権擁護のための児童相談所の役割についての意識調査」において、児童虐待問題を強く訴えていきました。

このように戦後から遡ってみてみると、孤児・浮浪児の収容施設だった児童相談所と児童養護施設は、児童虐待された子どもを増やし存続を図ったともいえる政策が、平成に入りどんどん成立していったともどれるのです。

しかし、人間の弱さが作り出した児童相談所問題は、政府だけの問題ではなく孤児をないがしろにした国民が作り出した問題でもあることも受け止めなければなりません。政府を責めるだけでなく、自分だけが良ければよいというのでもなく、どう問題解決していくことが最良かを考え出さなければならないのです。

◆家族再統合の一つとして進められる里親制度と養子縁組制度の問題

政府の動向として、子どもと実親の家族再統合よりも、里親制度と養子縁組制度に力を入れていることを知っているでしょうか。

児童相談所の独自の判断により、多くの虐待していない親が子どもと引き離されている現状があります。

そして、児童相談所の職員たちは多忙であることと専門知識が充分ないことから、一時保護された子どもたちと実親と充分な面会機会をもたせず、充分な家族再統合のプログラムを施さず、子どもたちには実親からの手紙も渡さなかったり、嘘の情報を流すことで、子どもの実親への不信感を強めたりする現状があります。

また、後述する薬物投与の問題、職員にとって不都合な子どもたちには、無理やり精神の病気と診断させ、必要のない精神薬を飲ませ人格を崩壊させ、実親や里親とまともにコミュニケーションをとれなくすることで、家族再統合を困難にしているケースも多いのです。

これらの問題を充分に解決しない状態で、かわいそうな子どものためにと、里親制度と養子縁組制度を強化することが、どれだけの親子を分離し崩壊していくことになるのでしょうか。

確かに、家族再統合が困難なケースもあるでしょう。しかし、政府が発表する対策には、実親との家族再統合に関するものは、ほとんどなく、外部団体に作らせています。
誤った一時保護を起こさない制度を作ることも、本当の家族再統合を真剣に考える気も、さらさらないのでしょう。

◆子どもを支配する「養子縁組」の闇

「養子縁組」と聞くと、子どもを助けるシステムだと思っている人が多いのですが、これもまた子どもを虐待して支配するためのシステムになっている面があります。ここも、養子縁組のすべてが善でないところにポイントがあります。

養子縁組の闇として取り上げたいのが「エンゼルフィー問題」です。

これは一時、日本でも報道されたのですが、その後全く話題に挙がりませんでした。しかし、子ども問題の根幹でもあるので、ここではあえてページを割こうと思います。

このエンゼルフィー問題とは何かと言うと、簡単に言えば新生児売買の問題です。新生児売買の日本版がエンゼルフィー問題、と言えるでしょう。

世界では新生児だけでなく児童全体が、セックススレイプ（性虐待）や臓器売買などに利用されていることがいくつも暴露されていますが、発展途上国だけの問題ではありません。しかし、平和ボケした日本人たちは興味がないのでしょう。2015年に、『ウロボロス～この愛こそ、正義』（小栗旬、生田斗真主演）というテレビドラマがありました。ある養護施設が非合法な臓器売買を目的として設立された施設であったという、臓器売買の闇についてドラマ化したものですが、これが実際の日本の問題として捉えた人は少ないでしょう。


中国では、女性や子どもの人身売買が4000件以上摘発されており、大規模な子どもの人身売買ネットワークが形成されています。最悪のケースでは、子どもの人身売買のために親が殺害されるケースもあります。

しかも、摘発されたケースは氷山の一角であり、実数はもっと多いと考えられています。中国では誘拐は死刑の対象ですが、それでも事件が減ることはありません。

ナイジェリアで有名になったのが、「赤ちゃん工場」です。人身売買のために作られた「出産工場」が摘発され、妊娠した少女32人が保護されました。少女たちは全員15から17歳の子どもでした。

妊娠できなかった女性たちが子どもを欲しがったり、白人を中心に他民族の子どもを養子に取ったりするというのは、一つの流行です。

では、日本ではどうかと言うと、日本円でだいたい４００～７００万円くらいで新生児が海外に売られています。日本の親たちは、きっと知らないことであり、「信じられない」や「眉唾だろう」などと言うでしょう。

しかし、世界中のニーズがあるなかで、日本だけ例外でいることはあり得ません。当然、日本は見せかけ上、法治国家であり民主国家ですから、システムを作ってごまかさないといけません。そのためによく用いられているのがＮＰＯ法人なのです。

では、子どもたちがどのように売られているかと言うと、極めて巧妙で、善意の仮面を被ったシステムになっています。

日本では、風俗嬢や貧困層のシングルマザーなど、多くの事情で子どもを孕んだ社会的に力のない女性に、法人が近寄ります。そして、その中でも、「妊娠時から子どもはいらない」と考えている母親を選別し、捕まえる集団が出てくるのです。これは安易に考えると、女性がすべて悪いかのようになってしまいますが、ことはそう簡単ではありません。そのような女性は、経済的に二重三重に追いつめられていることもあれば、クスリ漬けにされていることもあります。

ちなみに、基本的に売られる先は、ほとんどアメリカです。

なぜアメリカであるかは、優生学の歴史をたどっていけばわかるでしょう。アメリカでは金持ちが養子を迎え入れたり、海外から買い取ったりするのは、一つのステータスだからです。そして、それを実践しているのは、ほかならぬハリウッドスターや投資家たちです。

このシステムを使うと一見、みんな得をするように見えます。

「子どもなんていらない」という母親は、お金を少しもらうことができます。アメリカ人は、お金を払ってでも子どもを買いたいのですから言うまでもなく、かなり多くのお金を出資します。NPO法人は、裕福なアメリカ人からガッツリ仲介手数料を取ればいいだけです。誰も損する人はいません。

そして、その結果、こう伝えられます。

「育てる力がない人よりも、育ててくれるアメリカ人のところに行ったほうが幸せだよね」。

こうして、子どもだけが被害者になるのです。人類にこの残虐性は伝わるのでしょうか？ 恐らく難しいでしょう。

さて、この売られた後の子どもがどうなっているのか？ が問題です。

過去にニュースになった案件は、ＮＰＯ法人が仲介しているにもかかわらず、子どもの行き先を半分以上も把握していないということが判明しました。つまり、ＮＰＯ法人は、なんらかの公益のため動く必要がありますが、モノと同じでほったらかしている、という状態なのです。刷り込みが進み、洗脳され尽くした現代の毒親たちは、このような事実に耐えること、「おかしい」と考えることができません。きっと、「しょうがない」や「そんな母親だから」などと言うのでしょう。日本でも古くから子どもの人身売買は存在したので、深層心理では「当たり前だ」と思っているのかもしれません。

しかし、そんなことを言っている限り、人身売買をしている人間たちと思想レベルには差がありません。

仮にお金があるとしたら、仮にＮＰＯ法人を名乗るのだとしたら、そこでその母親と子どもがいっしょに暮らしていけるためのサポートをするのが筋ではないでしょうか？ なのに、そんなサポートなどの概念は、未だに全く存在しないのです。

海外では、家庭裁判所を介して国が両親から子どもたちを連れ去っていることが、大きな社会問題となっています。また、そのような国では傲慢なソーシャルワーカーたちが仕組みを利用して、子どもたちを押収しては小金を稼いでいます。

この人身売買に関する問題は世界中で報道されていますが、やはり平和ボケしているのは日本だけのようです。

まず我々はネットではなく、身近なところから子どもをさらう環境について知らねばなりません。

要望④ 一時保護中、および施設入所中の子どもに対する薬物投与について

これについては、以下の3点を要望しました。

（1）一時保護中の子どもに対する医療について、親権者に対するインフォームド・コンセント制度を導入する。

（2）一時保護中および施設入所中の子どもに対する精神科の薬物投与は、その副作用の重大性等から、一切の投与を禁止する。

（3）精神科医については、その介入を禁止する。禁止できない場合は、拘禁された子どもの

親が推薦する医師の直接の診察によるセカンド・オピニオンの機会を保障する。

「家に帰りたい」「自分の親は虐待などしていない」という子どもに対して、児童相談所および児童福祉施設は、精神薬を投与することが多いのです。純粋にウソをつかず言っている子に対しても「錯乱している」と判断し、クスリで自分たちの都合のいいロボットにしていきます。

これを強制的に行うことが多いため、子どもおよび親の双方の同意なくして、薬物などの投与ができないようにするのは、とても大事なことです。

この要望についても、改善されていません。

それどころか、問題行動を起こす子どもに対し、体罰の替わりに向精神薬を投与することが増えたという調査結果も報告されています。（「体罰から向精神薬へ」東北文教大学　吉田耕平より）

２０１９（令和元）年に成立した児童虐待防止対策の強化を図るための児童福祉法等の一部を改正する法律にて、「児童の権利擁護の観点から、親権者および児童福祉施設の長等は、児童のしつけに際して体罰を加えてはならない」と規定されましたが、体罰が規制されたことで一時保護中や施設入所中の子どもたちに、児童精神科医にいとも簡単に精神障害の診断をつけさせ、薬物投与をされる子どもたちが益々増えてくることでしょう。

事実、児童相談所や施設では、発達障害という診断されている子どもが増加しています。

◆トラブルを起こさない子に仕立てる方法

児童精神科医は基本的に児童相談所からの委託を受け、都合のよい診断をし、児相のやりたい放題に医師の立場からお墨付きを与えるだけの存在です。そんな児童精神科医とは何なのかということを、本質的に考える必要があります。

皆さんは児童精神科医というのは、児童の心を癒してくれる優しい存在とでも勘違いしているかもしれません。しかし児童精神科医というのは、子どもの心などどうとも思っていない存在です。

見かけ上は優しく話を聞いてくれるかもしれませんが、彼らは子どもに病名をつけてレッテル貼りをすすめるだけの存在です。科学的に何一つ根拠のない病名を子どもに貼りつけて、児童相談所や児童精神科医の都合がいい方向に導きます。それはＰＴＳＤであり、ＡＤＨＤであり、発達障害であり、双極性障害であり、パニック障害であり、うつ病です。

児童精神科医は「この子は病気なので親のもとから離して保護することは必要です」とうそぶきながら、児童相談所に科学的お墨付きを与えます。

そのうえで、結局すべての児童精神科医が精神薬を投与します。

覚醒剤や麻薬と大差ない精神薬を投与し、子どもが自分自身で思考することを妨げ、子どもが大人にとっての不都合な行動をとらないようにコントロールしていきます。あらゆる精神症状をかき消し、行動を鎮静化させてロボットにしていくことで、良くなったと結論づけるのです。

実際に精神薬を投与し多数の大人で誘導尋問すれば、子どもに自分たちに有利な証言（親の虐待があったなど）をさせたり、自分たちの思いどおりに洗脳することなどいともたやすいのです。

児童精神科医が行なう「診断」や「治療」について、その内容を書面で確認することもできません。録画によって可視化することもできません。当然、同席することもできません。子どもとの面談は密室で行なわれ、決してオープンにされません。

そもそも児童精神科医に限らず精神医学という総体について言えることですが、精神医学は人を癒したり問題を解決してくれるために存在しているわけではありません。精神医学はこれまで、病でもないものを病と名づけ、投薬をすることで利益を生み出しながら本物の精神病患者を作り出し続け、世界中で被害を拡大してきました。そして、それに飽き足らず、児童相談所を媒介に子どもたちへもその魔の手を伸ばそうとしています。

これはほとんどの日本人が知らないために、良い精神医学とか良い精神科医とか良い児童精神科医がいるのではないかという誤解を抱くことになります。

精神医学の目的は常に支配、差別、虐待、迫害、監禁、廃人化、殺人などに代表される行為であり、それは昔も今も一貫して同じなのです。この当たり前の歴史的、思想的事実を日本人が知らないことは、児童相談所問題でも悲劇の誘因となっています。

児童精神科医が子どもたちに使うコンサータやストラテラなどの薬、メジャートランキライザーや抗うつ薬などは、各国で子どもについて厳しい規制がなされている物質です。

コンサータという薬は悪名高いリタリンの徐放剤(成分が徐々に放出される薬の総称)で、成分は覚醒剤そのものです。覚醒剤だから、副作用が出ないラッキーな子は一時的に集中力が増すかもしれませんが、強力な依存性のため止めることができなくなります。もちろん副作用が出ないということ自体まれであり、飲むことで逆に行動がおかしくなることは成分を考えれば当然なのです。

またコンサータに限らずストラテラや抗うつ薬に関しても、その作用は覚醒剤と大差なく、世界各国において子どもへの服用の危険性について警告が発せられています。子どもが飲むことで確実に自殺率が増すこともわかっています。

しかし児童精神科医はそうしたことを意に介しません。彼らは自分だけの勝手な根拠によって、児童に複数の精神薬を投与します。これは人道的観点からも科学的観点からも決して許されることではありません。

投薬する理由は大半が発達障害、統合失調症などというでっち上げの病名に基づき、レッテルを貼り、ロボットのようにコントロールしていくのです。精神的諸問題が薬などで解決するはずがない、という子どもでもわかる概念を否定し、児童精神科医や施設職員に都合のよい「トラブルを一切起こさない」子どもとなるように仕立てあげていきます。

私の経験では、リスバダールという薬を飲まされたある子は、感情がなくなったかのようにボーッとしているだけになってしまいました。他の精神薬によっても同じことが起こりえます。

鎮静作用があるので当然ですが、精神薬は必ずしも鎮静に至るとは限らず、たとえばコンサータやストラテラの場合、逆に凶暴に変わってしまうことも珍しくありません。

しかし、鎮静系の精神薬を飲ませる大人たちにしてみれば、「その子がおとなしくなってくれる」というのは、限りなく都合がいいことなのです。その子の脳が薬物で破壊されてしまうのも、児童精神科医にとっても施設職員にとっても関係のない話なのです。

たとえ本当に虐待されてきた子どもでも、それをよくする方法は薬の中にないことくらい、だれにでもわかる問題です。虐待されてきた子どもたちが施設に放り込まれてさらに薬を飲まされるとなれば、それ自体が虐待です。児童精神科医とは、そういうことを日常的に行なっている種族なのです。

要望⑤　「保護単価」の廃止について

これについては、以下の2点を要望しました。

（1）保護単価を廃止し、警察の予算制度と同様の定額制とすべきである。

（2）前年度と比較した一時保護増を行政実績として評価しないようにする。

この保護単価は、一番の問題です。「保護単価」とは国の補助金のようなもので、児童相談所が一人の子どもを拉致ると、35～45万円ほど保護単価を得られます。つまり、子どもをたくさん拉致ったほうがお金がたくさん入るので、児童虐待を捏造して数を増やすのです。

児童相談所は、本当に虐待している面倒くさい親を扱うより、優しくて虐待していないのに、「子どもを返してほしいから」と、従属するだけの親を狙います。この保護単価のシステムがある限り、児童相談所の児童虐待は続くのです。

前述のとおり、児童相談所は地方自治体に所属する組織なので、予算は地方自治体に請求します。国やお役所にまつわる組織が結果や仕事量に応じて予算を請求するという話は、皆さん聞いたことがあるでしょう。これは国家やお役所全体の通例です。

たとえばある組織が、50件という業務を一年でこなし、それをこなすための予算請求として5000万円を求めるとしましょう。しかしそれがある一年では40件になってしまえば予算は消化し切れなくなり余剰金が出ます。そのまま使い切れなければ翌年の支給額は削られてしまいます。どこの部署にしても予算配分が満足できる金額なんてことはあり得るはずもなく、翌年度の予算増額のためにいろいろな策を練っています。予算年度内に駆け込みで仕事を無理やり増やし、予算を確保しようとするのはもはや詳しく述べるまでもありません。日本ではありふれた光景です。児童相談所も地方自治体に属する組織であり、地方財政から予算配分を受けて運営されています。

役所の予算は年度内の使いきりであり、仮に年間で10人の子どもを保護する想定で予算取りしていて、年度途中で5人しか保護していないと、残りの5人分の予算が丸々残ってしまうことになる。そのままだと、次の年度が削減されることになる。翌年度末までに予算消化しないと次の予算が確保できないといって、年度末に道路工事が行われるように、児童相談所でも恣意的な新たな一時保護が行なわれたり、必要がなくても保護を延長して施設から出さないようにします。

こうした予算制度では、子どもを一時保護すればするほど予算が増えることになり、まるで警察の交通違反の反則金と同じく、摘発すればするほど、経済的利益が出ることになり、恣意的な一時保護への強い動機となります。

児相が出す文書（例えば、事務事業評価表、予算見積調書）には、「前年比」「計画」「達成率」「事業の評価」等の欄があり、数字で示さねばなりません。前年比が高いほど、達成率が高いほど事業活動が評価される仕組になっているのです。

そうするとどうなるのでしょうか？ 児童相談所は保護した子どもの人数や仕事量に応じて

予算請求がなされますが、保護した子どもが前年を下回れば予算を削られてしまいます。そこで駆け込みで虐待と認定する子どもを増やし、保護する子どもを増やすのです。道路工事予算のように、年度末に保護される子どもは増えるのです。この仕組みが冤罪一時保護の温床となります。ここから考えていかねばならないのです。

以上のように、現行制度では、子どもを一時保護すれば、保護した子どもの費用が一人当たり「保護単価」として国（厚労省）から支出され、また、厚労省は、「児童虐待の増加」をアピールし、より多くの予算を獲得しようとして、恣意的に多数の子どもを一時保護し、「虐待」に仕立て上げて、子どもと親権者の人権を蹂躙していくのです。

現状の「保護単価」制度では、子どもを一時保護すればするほど厚労省並びに児相の予算が増えることになるから、不当な子どもの拉致・拘禁への強い経済的誘因が児相に発生し、また厚労省がそれを支援する構図ができあがっています。

◆狙われる親の共通項

児童相談所が一時保護と称して子どもを連れ去っている実態の中に、非常に奇妙な共通項が見いだせます。

児童相談所が子どもを連れ去っている事案においては、その家庭環境が「母子（父子）家庭」や「生活保護受給者」や「児童相談所に相談しにくる者」という、一般的に見て社会的弱者（リスク家庭）に分類されるところを狙い撃ちしています。児童虐待事件でも社会的地位の高い親が事件を起こしたケースはあまり見かけないということもあり、児童虐待＝社会的弱者というようなイメージが植えつけられていることがあるのかもしれませんが、これには児童相談所側の策略があるような気がしてなりません。

社会的弱者であれば、児童相談所に反抗するだけの力がないということです。経済力などの問題から、弁護士に相談したり、裁判に訴えたりせずに、泣き寝入りしてくれれば、児童相談所としては面倒を抱えずに済みます。つまり、児童相談所が一時保護を行なう際に「事後に騒動を起こしそうな家庭」（＝社会的立場や経済力がある家庭）を避けている節があるのです。反抗せず、児童相談所職員の言いなりになる親ばかりなら、たとえ虐待ではない案件で子どもを一時保護してしまったとしても騒がれる心配はありません。

◆現金を受け取り、子どもを解放した児相所長

さらに、まったく問題のない家庭から子どもを保護と称して拉致・監禁した児童相談所において、所長が両親の用意した数百万円の現金を受け取って、子どもを無条件で家庭に戻した事例もあります。このケースでは子どもが親に返される際に「誓約書」に署名することもなく無条件だったといいます。子どもが拉致されてから現金を差し出すまでの間は多くの被害者が語るように「虐待親」と決めつけられ人間扱いすらされていなかったにもかかわらず、所長が現金を受け取った2週間後に「子どもを返すから迎えに来い」というぶっきらぼうな担当職員からの電話があったそうです。

また、母子家庭の6年生の男子が骨折して、入院しました。入院中、この子は、母親が勧めたわけでもなく自分の意志で、私の書籍『医学不要論』『薬が人を殺している』などを読んでいたところ、後から、母親と看護師・医師とこんなやりとりになりました。

「こんな本を読ませている母親は問題である。取り上げてください」

「エロ本でもないし、自殺の本でもないし、小6の子が自分で興味を持った本を自由に読ませて何が悪いんですか？」

「そんな親なら、児相に通報して、一時保護してもらいます」

そんなやりとりをした数日後、この子は虐待を疑われ病院内で一時保護されてしまいました。病院なので、面会は出来ますが、本は取り上げられ、治療方針は病院と児相が決めることになりました。

入院、一時保護の事実の連絡を受けた離婚した父親が、お見舞いに来た後に、児相に電話をかけ、「話があるから児相職員に病院に来い」と強く言いました。2名の職員が来て、元父親と話しましたが、話は平行線のまま。帰り際に、元父親がとドスのきい声で「お前ら、一人で歩くときは背中気をつけろよ。所長にも言っておけ！」を捨てセリフを吐きました。

2日後、何の連絡もなく、一時保護が解除されました。

脅しにビビッたのでしょうか？

このような人物が児童相談所という公的機関をまかされています。児童相談所が本来の目的を遂行できない根本的な理由は、そこに働く職員に起因していることはもはや疑いようがありません。

こうした職員の話をすると必ず、「昼夜を問わず必死に仕事をしている職員はいる」という反論が出てきます。それほどまでに忙しく、執務時間を超えてまで頑張っている職員がいるのに、なぜ児童虐待事件が防止できないのでしょうか？それは彼らの仕事がお門違い（目をつけているところが間違っていること）だからです。

一生懸命に働く児相職員は確かにいます。しかし、いくら一生懸命であろうとも、やっていることがお門違いであれば、意味がないばかりか、害悪なのです。お門違いな仕事をどれだけやっても本当に防止しなければならない虐待は防げません。こんな状況で予算や人員を増やしても、結局守らなければならない子どもの命は守れないのです。

皆さんは国や政治家、権力者たちが、権威を盾にウソやごまかしを重ね、彼らの言葉を信じることがいかに愚かしいか考えたことがあるはずです。近年では放射能や原発問題、コロナウイルスやワクチン問題のウソに心の底から辟易した方も多数いるはずです。

経済産業省も東京電力も厚生労働省も製薬会社も皆さんのための組織という名目があります。残念ながら厚労省や児童相談所は「虐待から子どもを守る」組織でも、われわれに寄り添う正義の味方でもなく、経済産業省や東京電力と同じく、体質に多くの問題を抱えた国の一機関に過ぎないのです。

私はこれまでの何冊かの本で精神医学や心理学もウソと詐欺と犯罪の塊であることを明らか

にしてきました。そして今度は、『児童相談所の怖い話』に続いて、皆さんが今も信じている「子どもを守る児童相談所」の仮面を剥ぐことになります。彼らのウソと詐欺と犯罪が今、暴かれようとしているのです。

要望⑥　家庭裁判所、弁護士等の、児相からの実質的独立性の保障について

これについて以下の3点の見直しを要望しました。

①弁護士の専門性と人権を護るため、委任主体を児相から切り離したうえ、抽選でその都度人選するようにして、児相と癒着せず中立的判断ができるようにする。

②このため、児相からの施設措置申立は、一般の裁判所同様の通常の訴訟案件とし、親権者を「利害関係人」ではなく、児相と同じ立場の訴訟当事者の地位に高めて、平等の地位で争えるようにする。

③精神科医については、介入をさせない。

弁護士や児童精神科医は、専門的立場から子どもの最善の利益を考えた上での客観的な評価をする役割があるにもかかわらず、現実には児相から委任と報酬を受けているため、子どもの

最善の利益ではなく児相の利益を最優先に考えます。それが人間の心理でもあります。

児相の唯一の審査機関である家庭裁判所は、児相側の主張をそのまま承認する機関に成り下がり、子どもや親権者の主張が審判結果に反映され難い状態です。


２０１６年（平成28年）、児童福祉法が改正され、12条3項において、「都道府県は、前項に規定する業務のうち法律に関する専門的な知識経験を必要とするものを適切かつ円滑に行なうことの重要性に鑑み、児童相談所における弁護士の配置またはこれに準ずる措置を行うものとする。」と規定し、すべての児童相談所に弁護士配置が規定されました。

児童相談所における、弁護士配置の義務化の背景には、子どもを虐待したとして児童相談所の職権による一時保護、児童福祉法第28条に基づく施設入所の措置を行なった子どもの保護者などが弁護士を通じて書類開示等を求める事例、法的措置による裁判が増加し、法的判断に即時性が求められてきたため、というのも大きな理由の一つです。

児童相談所の勝手な判断で子どもを一時保護し、それを正当化するための弁護士配置であるならば何の意味があるのでしょうか。

誤った一時保護問題を解決する法システムを、本当に虐待されている子どもを救うための法システムを作らない限り、弁護士は報酬の元である児童相談所の言いなりになるだけで、まともな解決策にはならないでしょう。

要望⑦　児童相談所の専門性の向上について

これについて以下の3点について見直しを要望しました。

①児相職員の専門性を大幅に向上する必要があり、児童福祉・児童心理の専攻で大学を卒業し、その後児童福祉関係の多年のキャリアを積み、試験に合格した職員のみが、児相に勤務できるようにする。

②これらの専門性を備えた職員は、より適切な養育を親に促すための指導・助言に限定された業務のみ行う。

③社会福祉士を採用する。

いったい児童相談所の仕事とは、また与えられた使命とは何なのでしょう。

それは虐待を防止すると同時に、問題を抱え分裂した家族を再統合し、健全な家族の形に指導していくことであるはずです。にもかかわらず横行しているのは、前にあげたような、何の通告もない、強制一時保護、そして完全隔離による親子の分断です。

児童相談所の専門性を上げようと、専門職の採用をすすめていますが、法律で根本的な児童相談所の使命が掲げられていないがために、片手落ちの業務となり、事務的に対処して追われるだけの児童相談所となり、問題が拡大しているのではないでしょうか。

児相の職員の多くは「児童福祉の専門家」ではなく単なる公務員にすぎません。経験年数の浅い職員が、関連法令を元に作成された虐待の判断基準マニュアルにそって対応します。マニュアルまかせでは総合的な判定などできるはずもなく、本当の虐待事案を見逃す原因にもなっています。また、健全な家庭から、ありもしない虐待を決めつけて保護してしまう間違いも多々起きています。

また、施設内での職員による子どもへの虐待も著しい現状があります。それが、現状における児相の公務の実態です。このことは、『児童相談所の怖い話』を出版してから、繰り返し伝えてきました。

◆職員配置の実体調査より

全国児童相談所長会では、概ね5年ごとに「全児相報告書」を出しています。この調査報告書の中の『児童相談所における職員配置の実情~調査Ⅰ「児童相談所の虐待対応の人材育成に

図１　所長の採用形態

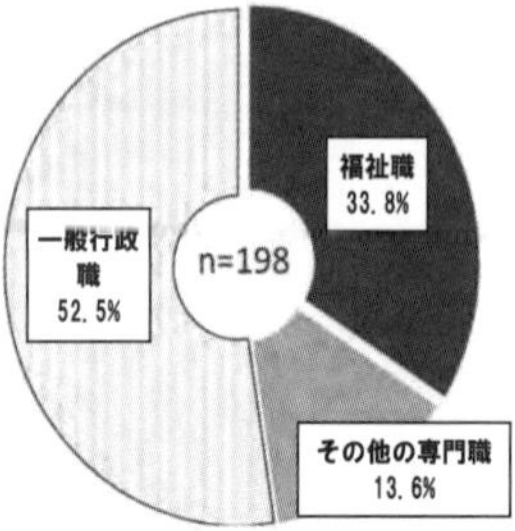

図２　所長の任用状況
（平成 25 年調査）

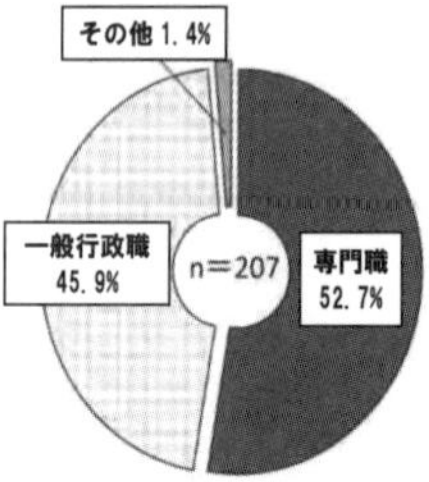

図３　所長の児童相談所経験

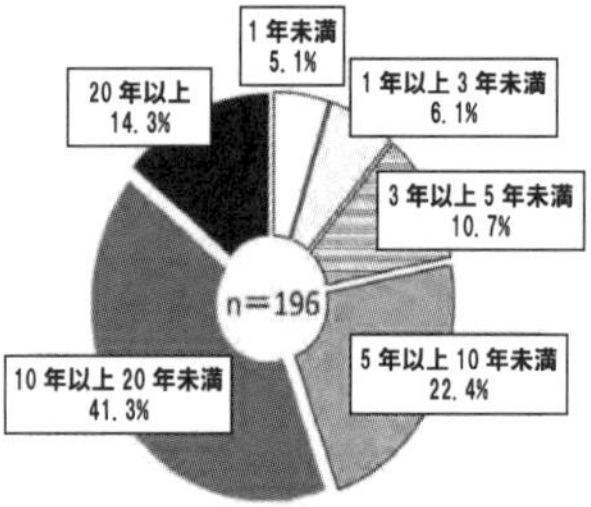

図４　所長の福祉領域での経験
（平成 25 年調査）

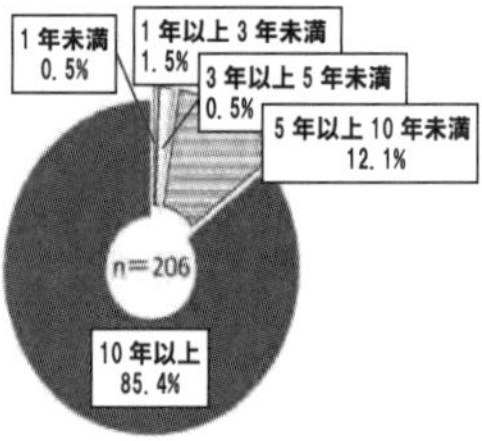

関する調査」から考える〜』（子どもの虹情報研修センター　川崎二三彦）は、以下のことが報告されています。

・児童相談所長について

　所長の採用形態は、この10年間で専門職の割合が低下し一般行政職の割合が高くなっていると思われる。児童相談所は専門機関であると同時に行政機関でもあり、一般行政職の職員が所属長に当られる場合が多いのであろう。

　所長の経験年数は、10年以上の経験者は56・6％である。

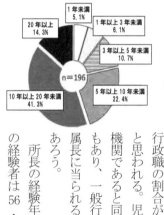

・児童福祉司について
採用時の職種は、福祉職が60・6％である。

経験年数については、半数以上が3年未満であり、10年以上の経験者はわずか6.2％である。
・児童福祉司スーパーバイザー（指導教育担当児童福祉司、以下「児童福祉司ＳＶ」）
児童福祉司スーパーバイザーについては、「児童相談所に、他の児童福祉司が職務を行うため

図６　児童福祉司の採用時職種

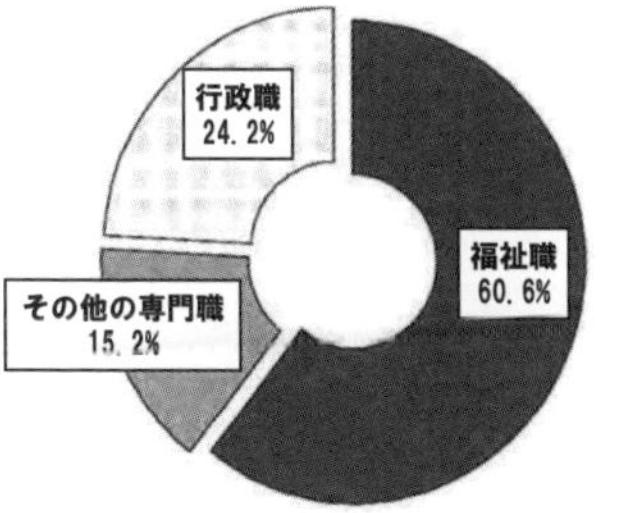

図７　児童福祉司の経験年数

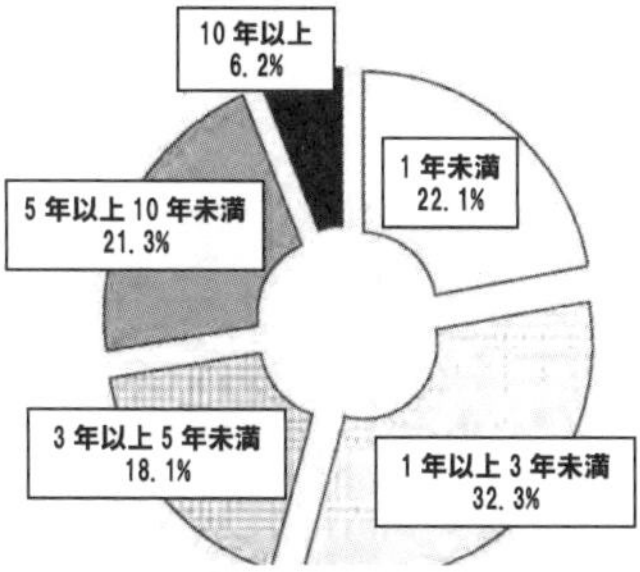

図８　福祉司ＳＶの福祉司経験

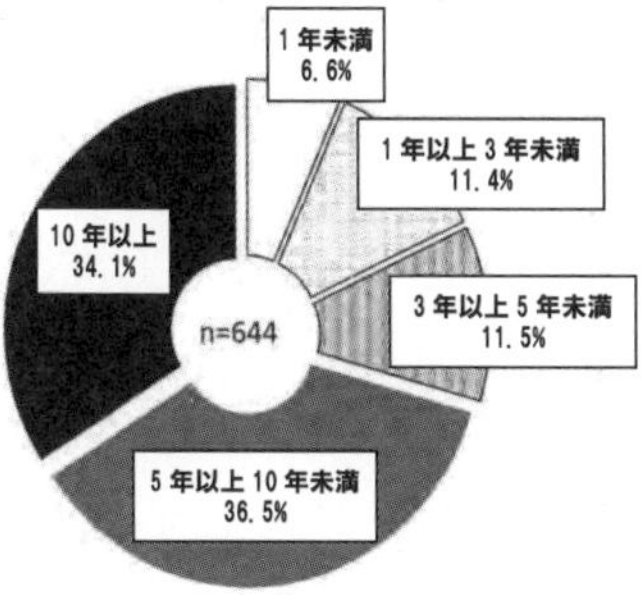

図９　児童福祉司経験５年以上の児童福祉司ＳＶ配置状況

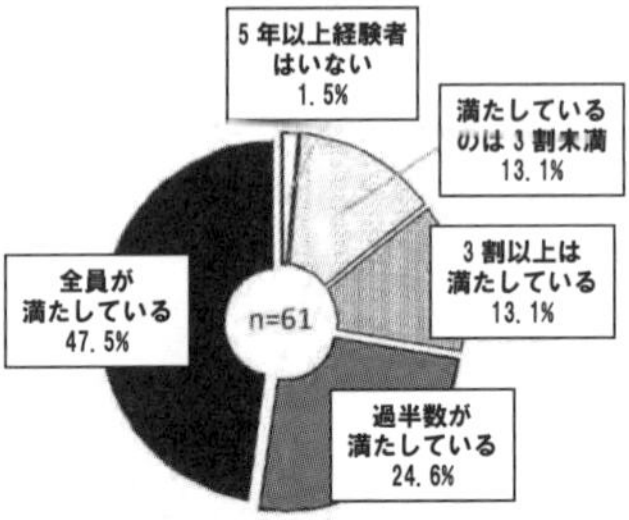

図10　児童福祉司ＳＶのケース担当の有無

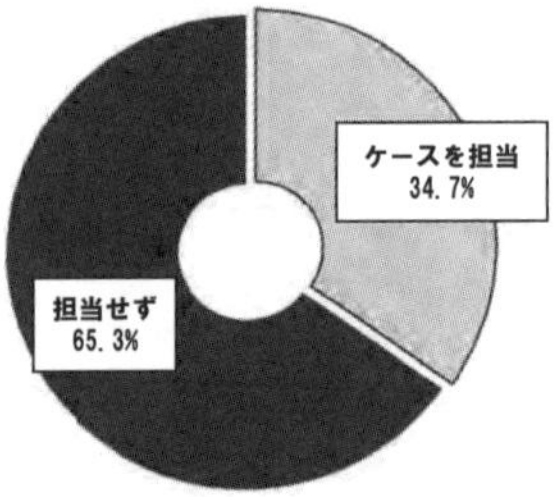

図11　ＳＶが担当する福祉司の人数

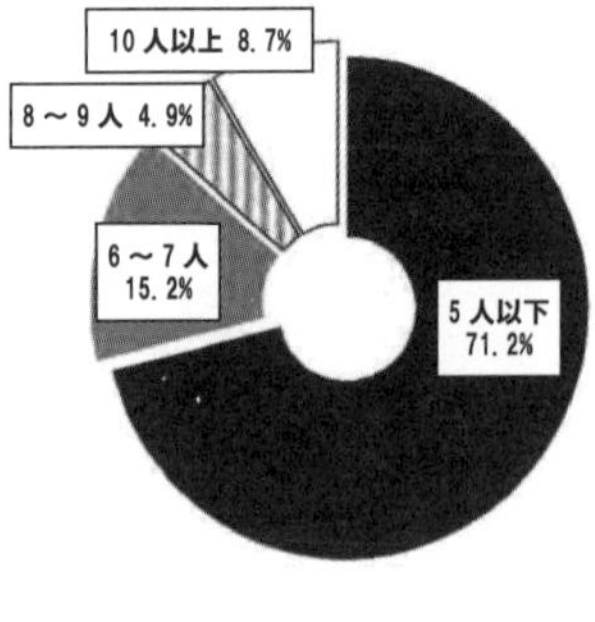

必要な専門的技術に関する指導及び教育を行う児童福祉司を配置し、その要件は、児童福祉司としておおむね5年以上勤務した者とする（児童福祉法第13条第5項）」と定められ、令和元年6月の児童福祉法改正で、児童福祉司の中には児童福祉司ＳＶが含まれなければならないこと、児童福祉司ＳＶは、厚生労働大臣が定める基準に適合する研修の過程を修了したものでなければならないこととされた。

現状、児童福祉司ＳＶの福祉司経験年数は5年未満が4分の1もあり、本来の5年以上の経

図12　福祉司ＳＶのＳＶ経験

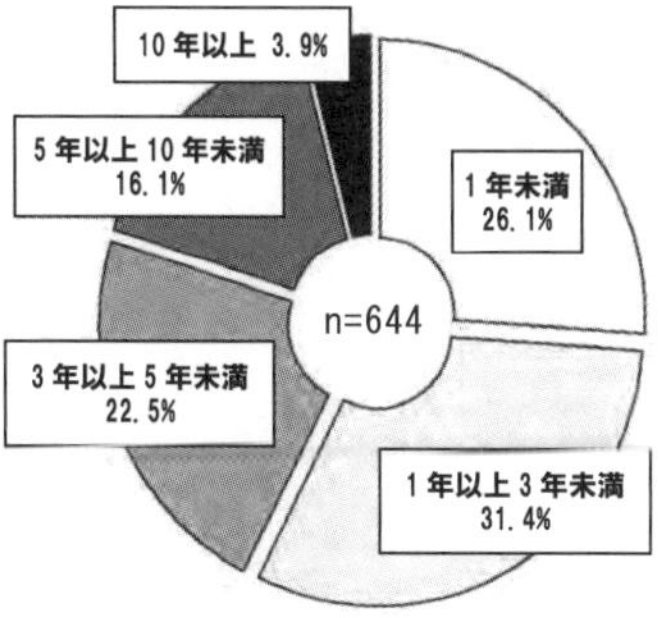

図13　児童心理司の経験年数

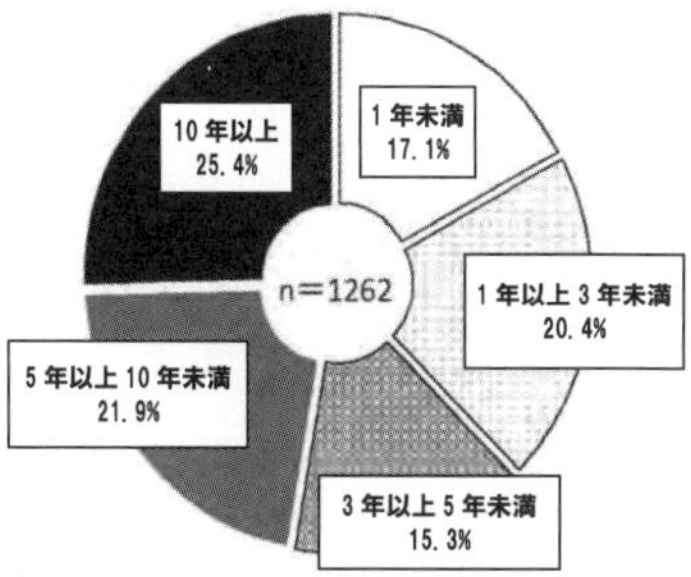

験を満たしている児童福祉司ＳＶの配置情況をみると、5年以上の児童福祉司ＳＶが全くいない自治体もある。

児童福祉司ＳＶの業務も、自身のケースも持ち、指導する児童福祉司の数も多く、負担が大きい。ＳＶ経験も浅い。

・児童相談所をめぐる悪循環

上記の情況を踏まえ、

その①　業務が多忙、過酷なため職員が短期間で異動希望して定着せず、結果として未経験者が増えることで専門性が不足し、児童相談所に対する批判が高まることで早く異動する職員が

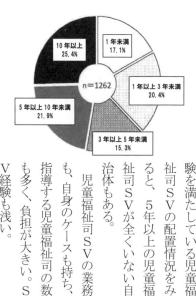

増え、未経験者の割合がますます高くなるという悪循環である。

その② 未経験者が増えると、すべきことが誰にもわかるようマニュアルの必要性が高まり、次々と新たな通知も発出され、配属された職員はそれを覚えることに終始して、目の前の子どもや家族について自分で考える力が弱まり、ソーシャルワークの力が削がれてします。その結果、ますますマニュアルに頼らざるを得なくなってソーシャルワークが失われているという悪循環である。

図18　児童相談所をめぐる悪循環　その①

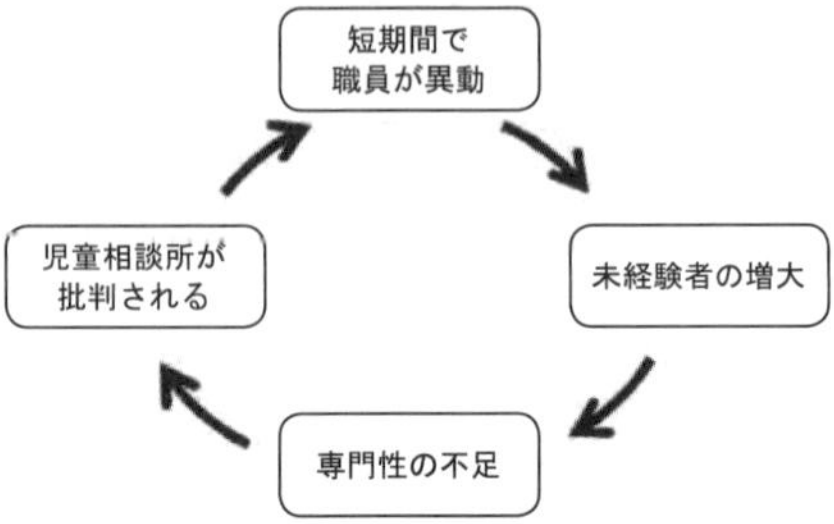

図19　児童相談所をめぐる悪循環　その②

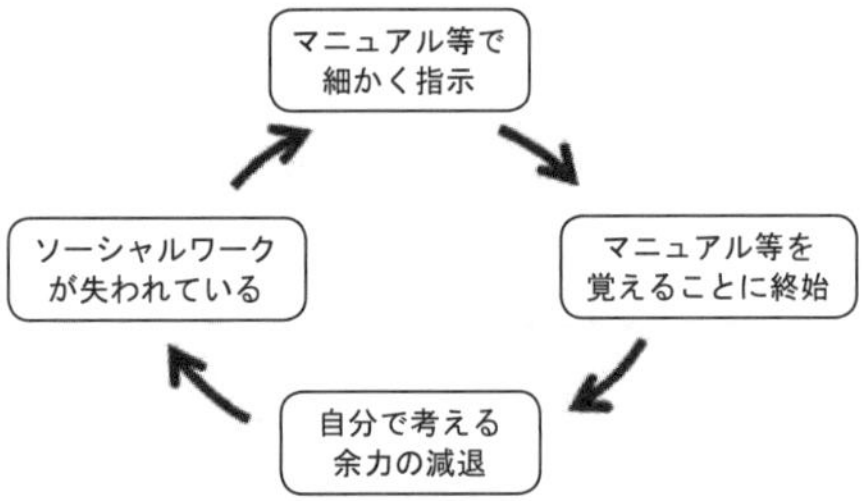

以上が、児童相談所長会が報告している、児童相談所の実情の一部で、所長らが認めていることでもあります。

経験の浅い職員が非常に多

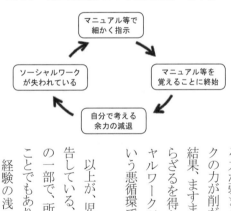

く、指導する者でさえ10年未満という経験では、はっきり言えば、指導は困難であることは何らかの専門職を長年経験している者にはわかることでしょう。

児童相談所は戦後に開設された行政機関であり、戦後70年以上経過しているにも関わらず、何ら有効な解決がされていません。これが、現場体験のない横暴な厚生労働省の職員や、議員らが作る、上から下への自分たちに都合のよいシステムの現状なのです。

その害を受けているのが、子どもたちです。そして、それだけなく、医療、介護、学校とさまざまな現場で問題が吹き出しているのが、今の日本社会です。

第5章　児童相談所は、生まれ変われるのか

【児童相談所が行うめちゃくちゃな虐待判断】

これまで私は、以下のような案件に対して1000件以上相談を受けてきました。

・子どもにワクチンを打たないと虐待になります。
・子どもにおやつをあげないと虐待になります。
・子どもの歯にフッ素を塗らないと虐待になります。
・子どもが風邪を引いても病院に連れて行かないと虐待になります。
・子どもに風邪薬を飲ませないと虐待になります。
・子どもにPCR検査を受けさせないと虐待になります。
・子どもにマスクを着けないと虐待になります。
・子どもに発達障害と診断させないと虐待になります。
・子どもに精神薬を飲ませないと虐待になります。
・子どもに人工乳を飲ませないと虐待になります。

そのほか、挙げ出したらキリがありません。

これらを虐待と児童相談所の職員が決定したら、親への調査も、親への同意もなく、子どもは一時保護されます。これが、まかり通るのが、今の日本の法システムです。

この問題を声に出すと、「内海は、虐待防止の妨害をしている」「そもそも、児童虐待や児童福祉に関しては法律が整備されており、仮に児童相談所の相談員の言っていることが変ならば、母親は相談員と闘うべきだったのではないか」という人も多いです。

私の知り合いのジャーナリストは、子どもの人権を守ると標榜する女性弁護士から、「確かに、児相には冤罪一時保護もありますよ。でも、少しですよ。あなたの活動は、多くの虐待の防止を妨害行為する行為です。止めていただきたい」と言われました。

「あなた方も冤罪一時保護を把握しているなら、それをなくする努力を内部でしてくださいよ」というと、「その前に、虐待を防止しなくてはいけません」と堂々と会議で言います。

結局人権派弁護士なんて肩書だけで現実や法律の勉強などしていません。冤罪一時保護は少しでもなんでもないのです。しかしこれが現実です。

第2章で紹介した、家族再統合を重視し、冤罪を作らないように努力するようなアメリカの法律に少しでも近づけば、改善の見込みはあるが、弁護士自体が目先のことしか見えなければどうしようもありません。

残念ながらどれだけ親が毅然とした態度を取ろうが、この問題は改善しません。なぜなら、児童相談所を巡る法律やシステムは、闘ったり交渉できたりするようなものに全くなっていないからです。

児童虐待に関する法律はすべて、児童相談所がやりたい放題やっても問題がないような法律になっています。その法律内容は、明らかに憲法や人権に違反しているのですが、国や自治体はそんなことを気にしてはいないのでしょう。先ほどのバカな弁護士を見ても明らかです。

なぜなら、この国も自治体も多くの大人たちも、子どもが犠牲になろうがどうしようが知ったことではない、と考えているからです。

結論としては、児童相談所では絶対に児童虐待を防げません。そして、戦後に作られた児相や養護施設、厚労省にとって都合のよい、このシステムが今のまま存在する限り、決してあらゆる子どもたちに幸せなど訪れません。

すべては大人たちの都合であり、子どもたちはやられるがままになっているのです。皆さんの子どもも、いつなんどきでも拉致される危険がはらんでいることを理解してください。

【児童相談所に拉致されない方法はあるのか？】

残念ながら、冤罪で児童相談所に子どもを拉致されない方法はありません。しかし、確率を減らしたいと思うのは人情なので、私も自分の知る限りのことは書いておこうと思います。

「主治医を作ること」「夫婦仲がよい」「理解のある医者の小児健診を受ける」「コミュニティや集団に所属している」の４つについてお話しします。

いちばん重要なことは、昔から真弓定夫医師（私が同志として尊敬する小児科医。２０２２年逝去）も述べてきたように、「主治医を作ること」です。通常、子どもの場合は小児科医になりますが、場合によっては小児科医でなくてもかまいません。

そして、話がわかる主治医を作るということが重要です。私がこれまで主張しているようなことに対して、全部ではなくてもある程度同意してくれるような、食事、栄養、社会毒、クスリの問題、西洋医学の問題、古い医学の精神性、社会やコロナへの疑問を持っている主治医を選んでください。

児童相談所が拉致ろうとする子どもがいても、その主治医が、「この一家は虐待していない」と言えば、児童相談所はやり方に困ります。児童相談所は、とにかく分離して孤立している家族を狙うのです。

「夫婦仲がよい」というのも重要です。ワクチンや食べ物、育て方に関して、夫婦で考え方を共有できていない家族は危険極まりないと言えます。児童相談所は、このような家族を狙ってくるのであり、拉致られるまで気づかない夫婦も多いのです。

拉致が起こってから騒いでも手遅れであり、たとえ児童相談所のやり口がひどいとしても、「自分たちに必ず責任があるのだ」ということを自覚しないといけません。

「理解のある医者の小児健診を受ける」ことも大切です。これを手抜きする人が多いのですが、大変危険です。

本来、健診に意味がないこと、病人狩りになってしまっていることは拙著でも述べてきましたが、この場合、健診は健康上の目的を期待しているのではなく、保健所に目をつけられにくくするために必要と言えます。「ちゃんと子どもの体調を気遣っています」「医者に指導をもらっています」ということを担保するためです。

小児科であれば自分のクリニックで健診をしているところも多いため、主治医を見つける点に通じてきます。

しかし、「ワクチンを打たせたくない」「牛乳を飲ませたくない」「クスリを飲ませたくない」と言いながら、行政から催促を受けて、無料だからと自治体の小児健診を受けに行くようでは、「自分の子どもを拉致ってください」と言っているようなものです。

行政が雇う小児健診は、御用ど真ん中の小児科医なのですから、「ワクチンを打たないと虐待」「クスリを飲まないと虐待」と断定するに決まっています。まず小児健診というのは自分の町で受ける義務はないのだと知りましょう。他で受けてもよく、まともな小児健診を自分で探しましょう。

とにかく手抜きをしたいという親ばかりですが、脱コロナの時代において、そんな姿勢は通じません。少数派をいかにあぶり出し「頭がおかしい」という扱いにするかしか、この社会は考えていないのです。

オーストラリアでは子どものワクチンもどんどん強制化され、２０２１年11月からは、打たない家庭に行政がやって来るようになりました。日本も同じようになる可能性があります。

児童福祉の世界で、「自分たちは正しいことを言っている」といった勝手なネット内妄想は通用しません。行政側にとって「正しい＝多数派」「正しい＝御用学者やテレビが言うこと」なのですから、それを疑う人間たちは、いかにうまくサバイバルしていく力が問われています。

特に、子どものことはすぐ虐待に結びつけられてしまうので、注意が必要です。

「コミュニティや集団に所属している」ことも大事です。この場合、どのコミュニティでなければいけないというのはありませんが、自分と医療や子育て、社会に対する価値観が近いコミュニティが必須でしょう。私が代表させてもらっているコミュニティであれば、「市民が作る政治の会」や「日本再生法人会」などになるでしょうか。

繰り返しますが、児童相談所は孤立した家族を狙うので、コミュニティの関係性がお互いを守ってくれることになります。拉致られようものなら、集団で児童相談所に押しかければいいわけで、保護単価のためにそんな面倒くさいことの相手は、児童相談所もしにくいわけです。

とにかく、児童相談所については法律が無茶苦茶なので、拉致られたらどうしようもありません。ネット民のくだらない正義感もネット知識も一切通用しません。予防的にうまく避けるということと、社会的に児童相談所を変えるとか、潰すしか道はないのだということを肝に銘じる必要があるでしょう。

【児童相談所が本来の使命を全うするために】

多くの人が、児童相談所を責めることで本当に虐待されている子どもを救うことができなくなる、という意見を出してきます。これはお門違いも甚だしい理論です。

虐待が何であるかも勝手な判断で決めつけられ、まともに人間的対応もできない、監査もなく指導組織もなく世間の目もなく、立場として必然的に親の上に立つことになる児童相談所が現在のような状態であるからこそ、本当に虐待されている子どもを救う確率は減ってしまうのです。もっと究極的に言うなら、児童相談所は子どもを助けてはいけない組織であって、子どもを苦しめること、親子を断絶させること、社会少数派の子どもを人質にとるために運用されている組織です。だからいつもニュースで殺された子どもたちの案件で、児童相談所が介入していないのです。

本当に子どもを虐待している親から子どもを守り、彼らに自分の間違いに気づかせ、オープンで見えやすい組織、家族を再生させるための組織に、児童相談所が生まれ変わらなければならないのです。そうなれないなら児童相談所など潰したほうがマシです。

これは検察や警察を代わりにして考えてみればわかるでしょう。確かに検察や警察も常日頃から腐敗が叫ばれていますが、それでも見張られていることに意味があるのです。検察や警察がだれの監督もなく、メディアの目にさらされることもなく、やりたい放題やっていれば、取り返しのつかない事態を招いてしまいます。

であるからこそ彼らには多くの人の目が注がれ、彼らの権力の肥大化を阻止するいくつものシステムが存在し（といっても機能しきれてはいませんが）、警察や検察の冤罪はこれまでもこれからも少なくなるように市民から求められているのです。例えば事情聴取の全面可視化などとにかく日本は遅れていますので。もちろんこの世から冤罪が完全になくなることはないかもしれません。しかし冤罪を作り出すことがわかっているシステムは早急に変えなければなりません。

今、児童相談所問題に国民が目を向けなければならないのは、それくらいシステムが狂っているという現実なのです。

また、システムが狂っているとしても、そのシステムを動かし児童相談所の業務を遂行しているのは児童相談所職員という「人間」であり、その人間が誤った判断を下していることが最も大きな問題であると断言できます。まさに児童相談所職員による「人災」といえる状態になっているのです。

参考文献

『児童相談所の怖い話』（三五館　内海聡 著）
『心の絶対法則』（株式会社ユサブル　内海聡 著）
『実子誘拐ビジネスの闇』（飛鳥新社　池田良子 著）
『スケープゴート』（ダイナミックセラーズ社　釣部人裕 著）
『私は虐待していない　検証揺さぶられ症候群』（講談社　柳原三佳 著）
『告発　児童相談所が子供を殺す』（文春新書　山脇由貴子 著）
『児相利権』（八朔社　南出喜久男　水岡不二雄 著）
『国連での子供たちのスピーチ』（ＣＲＣブックレット No. 11）
『多くの場合はＳＢＳは虐待ではない』（ＣＲＣブックレット No. 12）
『面会交流と共同養育のあり方』（ＣＲＣブックレット No. 14）
『家族間殺人』（幻冬舎新書　阿部恭子 著）
『子どもの虐待問題百科事典』（明石書店　編著者：ロビン・Ｅ・クラーク、ジュディス・フリーマン・クラーク、クリスティン・アダメック　翻訳者：門脇陽子、萩原重夫、森田由美）
『週刊　東洋経済　特集　子供の命を守る』（週刊　東洋経済新報社）

『児童養護施設の職員が抱える向精神薬投与への揺らぎとジレンマ』
（「福祉ス赤井学研究10」125～146 吉田耕平 著）
『児童相談所における職員配置の実情～調査Ⅰ「児童相談所の虐待対応の人材育成に関する調査」から考える～』（子どもの虹情報研修センター 川﨑二三彦）
児童相談所の実態に関する報告書（令和2年） 全国児童相談所長会
http://www.zenjiso.org/wp-content/uploads/2021/03/zenjiso_109_bessatsupdf210325.pdf

おわりに

私はもともと体育会系のような人間である。大学や社会人時代はアイスホッケー選手であり、その前はサッカーなので、常にハードスポーツばかりやってきた。新型コロナ茶番が始まってからは武道や格闘技をやるようになった。だから私は特に厳格な体罰反対派ではない。昔の時代がやりすぎなのはよくわかるが、娘が犯罪や非倫理的な行いをすれば、ほっぺたを叩くかもしれない。しかし現代ではこのような体罰容認者は、通告されてしまえば、あっという間に子どもは拉致監禁されてしまう可能性がある。

有名だった某ヨットスクールを肯定する気はない。支配欲丸出しの似非《えせ》教育者にすぎないとしか思っていないのは確かだ。しかし体罰も含めて教育界の問題としてこれは厳として存在する問題であり、現状で教育界にいじめが顕在化したり学級崩壊したりすることは、子どもや保護者の過度の権利意識が招いているといっても過言ではない。だからとにかく体罰をなくせばいいというわけではないが、児童相談所の問題はこれと関係しているように見えて、実は全く関係ないのだということをこの本で示したかったと言える。

システムの問題はすべて本書に書いてきたが、最後に児童虐待の定義を示す私案として、以下のようなものを挙げてみたいと。しかしこれは不十分であることを承知の上で書いている。より良いものがあればぜひ皆さんに考えていただきたい。

1. 児童が保護者の利己的な欲望によって外傷をたびたびうけ、生活上児童としての一般的な生活を送ることが困難となっているもの。その外傷や暴行に対して児童が強く拒否し、親と共に居たくないという証言が得られているもの。

2. 児童に親としての介助行為（着替えたり入浴するなど）とは違う理由で、服を脱がせたり裸にしたり親の利己的な行動に沿うために従わせたりすること、または直接的に性行為や性行為に類似する行為に及んでいるもの。そしてそれを児童が強く嫌悪し、子どもからそのような証言を第三者の確認の上で得られているもの。

3. 児童の心身の正常な発達を妨げるような著しい減食（年齢に比して2SD以下の体重であり、身体的な疾患をもたないと証明されるもの）、又は長時間の放置（短時間ほんの3分でも車の中などに放置するのは虐待であるか否かを明示するなど）、その他の保護者としての監護を著しく怠ること（これを監護の怠りでないと主張する場合、どのような意図や理由であるかを明示し、かつ書類に残し、後日の判断材料とすること）。

4．親の利己的な判断により児童に対して心理的な苦痛を複数回にわたり日常的に与え、かつそのことを児童自身が深く嫌悪、拒否し親と共にいることを拒絶するもの。またどのような心理的苦痛を与えたのかを具体的に記録し、その結果どのような児童に対する不都合が生じたかも明示して記録しておく。

実はどこまで書いてもこの定義はむなしい。なぜなら、基本的に児童虐待の問題は心理、感じ方などにも通じる問題であり、１００％客観性や科学性が保たれることなどあり得ないからだ。しかし、かといってそれを少しでも多く追求するシステムでなければ、現在児童相談所が行なっているようにただの冤罪製造所ともなり続けていくだろう。複数の違う分野の人々、精神科医の排除、客観性や証拠を残すためのシステム、これらを整備しなければ不幸な子どもたちはさらに生みだされていく。もう一時たりと猶予はないのだ。

新型コロナ茶番の後に超管理主義社会がやってきて、反抗的な人々を抑え込むための手段として児童相談所は使われている。要するに「お前たちの子どもは人質にとっているから奴隷になれ」ということだ。これは議論したり交渉したからなんとかなるものではない、ということを本書は示してきた。新型コロナ茶番においても冤罪は生み出されてきた。泣いている子どもたちがたくさんいる。親たちも途方に暮れている。泣いている子どもたちを生み出しているのは、虐待している親たちではなく児童相談所であることを、われわれは知らねばならない。

想像していただきたい。

あなたの子どもが明日、急にいなくなり、二度と会えなくなるとしたら、あなたはどうするだろうか？　面会さえも一切拒絶されるような状況になったら、あなたはこの国のシステムを許容することはできるだろうか？　私はそのような案件を１０００件以上聞いてきた。みな親たちは虐待しているとは思っていないし、こちらから見ても虐待とはいえないケースがほとんどである。

私にはできないだろう。もし私が身に覚えのない虐待の罪を着せられ、子どもが家に帰りたいという希望もうち捨てられ、この日本のだれに述べても相手にされないとするならば、おそらく私は日本にも児童相談所にも児童精神科医にも、手ぬるい手法などとらない。もしかしたら亡命するかもしれない。もしかしたら他の方法をとるかもしれない。決して許すなどということはありえまい。欺瞞と謀略に満ちたこの問題を放置することは、一人の親として決して許されることではないと強く思う。

こんな破綻したシステムを行なうのが国なら、そんな国など崩壊に値するといって過言ではない。私がこの問題について筆をとった理由は、まさにここにあると言ってよい。私は日本でもこの問題がクローズアップされ、何らかの議論が起こり、法律の改正が行なわれることを強く望み、この本がその一助になってくれないかという淡い「妄想」を抱いている。もしかしたらそれは日本という腐った国には高望みなのかもしれないが、人々が真実を知ったとき、日本人がどう動くのか、私は見極めたいのかもしれない。本当は日本人もそこまで腐ってはいないのだと証明してくれることを信じたいのかもしれない。

2023年6月吉日

内海 聡

◆内海 聡（うつみ さとる）プロフィール
1974年兵庫県生まれ。

筑波大学医学専門学群卒業後、内科医として東京女子医科大学附属東洋医学研究所、東京警察病院などに勤務。牛久愛和総合病院内科・漢方科勤務を経て、牛久東洋医学クリニックを開業。その後同クリニックを閉院し、断薬を主軸としたTokyo DD Clinic 院長、ＮＰＯ法人薬害研究センター理事長を務める。

Facebookフォロワーは16万人以上。医学以外にも食や原発、環境、教育、福祉、哲学などさまざまなジャンルについて自分の考え方を発信。精神医学の現場告発書『精神科は今日も、やりたい放題』（PHP文庫）がベストセラーに。その後も『医学不要論』（廣済堂新書）、『医者に頼らなくてもがんは消える』『医師が教える新型コロナワクチンの正体』『心の絶対法則 なぜ「思考」が病気をつくり出すのか？』（ユサブル）『2025年日本はなくなる』（廣済堂出版）など著書多数。

政治団体「市民がつくる政治の会」代表。

2022年には自身のドキュメンタリー映画『内なる海を見つめて』も公開された。

児童相談所の闇
ー闇から抜け出るために　何をはじめるのかー

2023年6月30日 第2刷発行
著　者　内海　聡
発行者　釣部 人裕
発行所　万代宝書房
〒176-0002 東京都練馬区桜台1-6-9-102
電話 080-3916-9383　FAX 03-6883-0791
ホームページ：https://bandaihoshobo.com
メール：info@bandaihoshobo.com
印刷・製本　日藤印刷株式会社
落丁本・乱丁本は小社でお取替え致します。

ISBN　978-4-910064-83-3　C0036

装丁・デザイン／ Office Tsuribe